POR

PODER

DEL

ESPÍRITU

UNA VIDA DE
CONTINUA OBEDIENCIA

MIGUEL NÚÑEZ

POR EL

PODER

DEL

ESPÍRITU

UNA VIDA DE
CONTINUA OBEDIENCIA

MIGUEL NÚÑEZ

Vida

La misión de Editorial Vida es ser la compañía líder en satisfacer las necesidades de las personas con recursos cuyo contenido glorifique al Señor Jesucristo y promueva principios bíblicos.

POR EL PODER DEL ESPÍRITU
Publicado por Editorial Vida – 2023
Nashville, Tennessee

Edición y diseño interior: *Interpret the Spirit*

ISBN: 978-0-84991-976-3
eBook: 978-0-84992-034-9
Audio: 978-0-84992-035-6

La información sobre la clasificación en la Biblioteca del Congreso está disponible previa solicitud.

CATEGORÍA: Religión / Vida Cristiana / Crecimiento espiritual

IMPRESO EN ESTADOS UNIDOS DE AMÉRICA
PRINTED IN THE UNITED STATES OF AMERICA

23 24 25 26 27 LBC 5 4 3 2 1

CONTENIDO

UNA VIDA DE OBEDIENCIA EMPODERADA POR DIOS

A partir del momento cuando la persona es regenerada por la obra del Espíritu Santo, hablamos de que la persona ha experimentado un nuevo nacimiento del que Cristo habló a Nicodemo en Juan 3:1-15. Desde ese momento existen en él dos naturalezas: la naturaleza caída que el apóstol Pablo reconoce como la carne, y su espíritu que ha sido regenerado. Esa es la explicación de por qué en la vida del cristiano vemos una combinación de conductas que llamamos las **obras de la carne,** que deben ir disminuyendo con el proceso de santificación, y el **fruto del Espíritu,** que debe ir aumentando gradualmente. Es como si en nosotros hubiera dos árboles que producen frutos distintos: un árbol malo con fruto malo y un árbol bueno con fruto bueno. En la carta a los Romanos, Pablo nos habla de estas dos naturalezas que cohabitan en nosotros y que luchan entre sí hasta el punto de que muchas veces terminamos haciendo precisamente aquellas cosas que no queríamos hacer en el primer lugar, como explicó el apóstol Pablo al escribir su epístola a los romanos:

"Porque lo que hago, no lo entiendo. Porque no practico lo que quiero hacer, sino que lo que aborrezco, eso hago. Y si lo que no quiero hacer, eso hago, estoy de acuerdo con la ley, reconociendo que es buena. Así que ya no soy yo el que lo hace, sino el pecado que habita en mí. Porque yo sé que en mí, es decir, en mi carne, no habita nada bueno. Porque el querer está presente en mí, pero el hacer el bien, no. Pues no hago el bien que deseo, sino el mal que no quiero, eso practico. Y si lo que no quiero hacer, eso hago, ya no soy yo el que lo hace, sino el pecado que habita en mí. Así que, queriendo yo hacer el bien, hallo la ley de que el mal está presente en mí. Porque en el hombre interior me deleito con la ley de Dios, pero veo otra ley en los miembros de mi cuerpo que hace guerra contra la ley de mi mente, y me hace prisionero de la ley del pecado que está en mis miembros. ¡Miserable de mí! ¿Quién me libertará de este cuerpo de muerte? Gracias a Dios, por Jesucristo Señor nuestro. Así que yo mismo, por un lado, con la mente sirvo a la ley de Dios, pero por el otro, con la carne, a la ley del pecado". (Ro 7:15-25)

Reflexionando sobre esta lucha pudiéramos decir que cualquier pensamiento, intención, motivación o conducta que no complace a Dios es obra de la carne. Pablo nos deja ver esta realidad con toda claridad en el texto de Romanos 7:18: "Porque yo sé que en mí, es decir, en mi carne, no habita nada bueno. Porque el querer está presente en mí, pero el hacer el bien, no".

De igual manera, todo lo que en nuestra vida complace a Dios, es el Espíritu de Dios que mora en nosotros quien lo ha cultivado. Esa es la razón por la que leemos en Filipenses 2:13: "Porque Dios es quien obra en ustedes tanto el querer como el hacer, para Su buena intención". Esta idea es reforzada en Gálatas 2:20: "Con Cristo he sido crucificado, y ya no soy yo el que vive, sino que Cristo vive en mí; y la vida que ahora vivo en la carne, la vivo por la fe en el Hijo de Dios, el cual me amó y se entregó a sí mismo por mí".

Esa vida a la que se refiere el texto que acabo de citar, y que se vive por fe, se vive en el poder del Espíritu. Cuando Pablo dice: "Todo lo puedo en Cristo que me fortalece" (Fil 4:13), eso es una referencia a la vida que se vive bajo el control del Espíritu. Vivir de esa manera es lo que hace que el creyente pueda exhibir el fruto del Espíritu en su vida y del cual estaremos hablando a lo largo de este libro.

El fruto del Espíritu es un conjunto de virtudes cultivadas en nosotros por medio del Espíritu Santo que reflejan el carácter de Cristo y que nos permiten vivir Su imagen más plenamente. Y cuando hablamos de una vida más plena, nos referimos a una vida más libre, más gozosa, de menos tropiezos y de menos consecuencias. Antes de continuar, vale la pena aclarar que no debemos confundir los dones espirituales con el fruto del Espíritu. Los dones se dan de manera específica a cada persona según el llamado de Dios para cada creyente. Pero el fruto del Espíritu es algo que Dios desarrolla en Sus hijos y que espera que cada uno de nosotros cultive. En otras palabras, es un llamado igual y universal para cada hijo de Dios.

El fruto del Espíritu se desarrolla en nosotros en la medida en que obedecemos la Palabra de Dios. Esto implica que el creyente tiene un rol que jugar. Es la misma obediencia que va debilitando los deseos de la carne que combaten contra nuestra alma (1 P 2:11).

Es imposible desarrollar el fruto del Espíritu sin el uso de la Palabra de Dios (Jn 17:17). La Palabra es la semilla, nosotros somos la tierra y el Espíritu Santo es el jardinero. Las circunstancias de la vida a menudo son el abono que sirve para desarrollar el fruto del Espíritu en la medida en que el Espíritu de Dios usa esas oportunidades para obrar en nosotros. Somos la tierra donde el fruto crece. La condición de esa tierra puede ser muy fértil o puede ser de mala calidad. Un creyente sumiso, humilde y obediente es tierra fértil para que crezca el fruto. Un creyente orgulloso, testarudo y desobediente es una tierra de mala calidad para que el fruto crezca. Y así podemos ver que nuestra santificación es un trabajo del Espíritu de Dios que va de la mano con nuestras obras de obediencia.

La necesidad de desarrollar el fruto del Espíritu

Necesitamos aprender a ver el fruto del Espíritu como un regalo de Dios para vivir de una mejor manera la vida que Cristo compró para nosotros. No cultivar el fruto del Espíritu es despreciar lo que Dios ha querido regalarnos. Y sin ese fruto, Su carga no es ligera y Su yugo no es fácil (Mt 11:30). Más bien, en ausencia del fruto del Espíritu, los mandamientos de Dios son difíciles (1 Jn 5:3), que es como la mayoría los siente. En cambio, desarrollar el fruto del Espíritu en nosotros glorifica y complace a Dios. Recuerde las palabras de Cristo: "En esto es glorificado Mi Padre, en que den mucho fruto" (Jn 15:8a). No podemos vivir el evangelio en la vida diaria sin el fruto del Espíritu y ese fruto es el resultado de la llenura del Espíritu. A su vez, la llenura del Espíritu es el resultado de una vida rendida a nuestro Dios y de una vida inmersa en Su Palabra. Es imposible vivir una vida de sometimiento divorciados de la Palabra, y sin una vida rendida completamente a Dios no puede haber llenura del Espíritu. Y sin llenura, no podemos tener el fruto del Espíritu, y sin ese fruto no podemos vivir el evangelio.

En otras palabras, el evangelio es un mensaje, pero ese mensaje tiene que cobrar vida en nosotros, y cuando eso sucede, Dios es complacido, y cuando Dios se complace, Dios sopla Su Espíritu sobre nosotros, y es ese Espíritu el que produce el fruto que Pablo describió en Gálatas 5:22-23.

Dios nos regaló el fruto del Espíritu para poder relacionarnos vertical y horizontalmente. La realidad es que un cristiano:

- no puede amar a Dios sin el fruto del Espíritu;
- no puede amar a su hermano sin el fruto del Espíritu;
- no puede tener madurez espiritual sin el fruto del Espíritu;
- no puede ser un buen padre sin el fruto del Espíritu;
- no puede ser un buen cónyuge sin el fruto del Espíritu;
- no puede ser un buen pastor sin el fruto del Espíritu;
- no puede ser un buen hermano en la fe sin el fruto del Espíritu.

De hecho, usted no puede tener una buena relación de ningún tipo en ausencia del fruto del Espíritu. De manera que, el cristiano sin el fruto del Espíritu luce más como un inconverso y quizás lo sea.

El fruto del Espíritu habla de lo que somos y de quiénes somos:

- Somos discípulos de Cristo y el fruto del Espíritu en nosotros es la evidencia. Eso es lo que somos.
- Pertenecemos al Dios que nos dio Su Espíritu y el fruto del Espíritu nos sirve de "testimonio". Eso habla de quiénes somos y a quién le pertenecemos.

Como ya mencionamos, Cristo dijo que los falsos maestros serían conocidos por sus frutos (Mt 7:16). Del mismo modo, son nuestros frutos los que testifican de nuestra conversión.

Por otro lado, tenemos que ser cuidadosos al no confundir el fruto del Espíritu con lo que otros han llamado falsificaciones de ese fruto. En su libro *La mente de Cristo*, T. W. Hunt y Claude V. King describen lo que ellos llaman la falsificación del fruto del Espíritu.[1] A continuación, doy algunas ilustraciones de cómo ese fruto del Espíritu pudiera ser falsificado como se falsifican los billetes de banco y pasar por verdadero a menos que alguien tenga la experiencia necesaria para distinguirlos.

- *El amor ágape o amor incondicional* podría confundirse con el amor interesado donde el que ama lo hace porque necesita a la otra persona y no porque quiera dar de sí mismo.
- *El gozo* puede ser fingido y ser más un emocionalismo porque las circunstancias nos favorecen.
- *La paz* puede ser más bien falta de decisión por inseguridad o inactividad por pereza.
- *La paciencia* a menudo puede tener más que ver con conformidad o temor de hacer lo que se debe hacer.
- *La benignidad* quizás es más bien flojera o falta de carácter.
- *La bondad* pudiera ser enmascarada y ser en realidad una actitud que adoptamos para obtener un beneficio del otro.

---

1. T. W. Hunt y Claude V. King, *The Mind of Christ, Member Book*, (Nashville: Lifeway Press, 2008), pp. 90-107.

- *La fe* pudiera más bien ser fe en la fe. Es decir, fe de que algo va a ocurrir porque tenemos fe en que ocurrirá.

- *La mansedumbre* pudiera encubrirse y ser realmente cobardía.

- *El dominio propio* puede ser más bien la restricción de nuestra conducta para dar una buena impresión cuando en realidad no podemos controlar nuestras emociones.

Es importante poder diferenciar lo real de lo falso no solo al aconsejar y discipular a otros, sino también en nuestra propia vida, porque podemos creer que estamos dando fruto y descubrir que en realidad nos hemos estado engañando a nosotros mismos.

Antes de hablar acerca de cada una de las virtudes que forman parte del fruto del Espíritu creo necesario que veamos la lucha que se libra continuamente en el interior de cada cristiano entre los deseos de la carne y los deseos del Espíritu. Y por eso dedicaremos todo el primer capítulo a esta discusión.

CUANDO LOS DESEOS DEL ESPÍRITU Y LOS DESEOS DE LA CARNE SE ENFRENTAN

"Digo, pues: anden por el Espíritu, y no cumplirán el deseo de la carne. Porque el deseo de la carne es contra el Espíritu, y el del Espíritu es contra la carne, pues estos se oponen el uno al otro, de manera que ustedes no pueden hacer lo que deseen. Pero si son guiados por el Espíritu, no están bajo la ley". (Gá 5:16-18)

Cada Año Nuevo, las personas se fijan nuevas metas y hacen nuevas promesas, que en la gran mayoría de los casos tienen la intención de cumplir. Sin embargo, desafortunadamente pocos son los que llegan al final del año viendo sus promesas y metas cumplidas. Y esto es cierto de cristianos y no cristianos. Por ejemplo, no es extraño que muchos creyentes se propongan: leer la Biblia de tapa a tapa; mejorar su vida de oración; moderar su temperamento; cambiar de trabajo para dedicar más tiempo a su familia; mejorar su relación con Dios; o simplemente bajar de peso como una forma de cuidar el templo de Dios. No importa la resolución que se tome; al final, pocos cumplen lo deseado y prometido. La pregunta es ¿por qué? Al tratar de dar una respuesta, pudiéramos hablar de falta de disciplina, una vida complicada, problemas en el trabajo, luchas a nivel familiar, así como muchas otras causas que nos impiden alcanzar nuestras metas.

En realidad, las cosas son mucho más complejas de lo que parecen a simple vista. Pensando en aquellos en quienes ha venido a morar el Espíritu Santo, y que tampoco logran cumplir con lo deseado cada año, necesitamos recordar que la Palabra revela que libramos una lucha en tres frentes de batalla: contra nosotros mismos (Gá 5:17), contra fuerzas espirituales de maldad en las regiones celestiales (Ef 6:12), y contra Satanás (1 P 5:8). Ahí radica parte de la explicación de nuestros fracasos. Por eso, en este capítulo nos gustaría centrarnos en una sola lucha, que es la peor de todas. Se trata de la lucha que libramos contra y dentro de nosotros mismos. Es una lucha real, continua e intensa, y Dios ha capacitado a cada creyente para llevarla a cabo. Esa lucha inició tan pronto Adán y Eva trasgredieron la ley de Dios. Algo dramático ocurrió cuando esta primera pareja desobedeció.

En el libro *What Happened in the Garden?* [¿Qué pasó en el Jardín?], uno de los autores, Grant Horner, explica que "la caída afectó tan profundamente a Adán y a Eva y a sus descendientes, que nosotros no solamente perdimos la habilidad de conocer a Dios, sino que perdimos nuestra habilidad de conocer que perdimos nuestra habilidad. Nuestra ceguera espiritual, que cambiamos por la perfecta visión que teníamos en el Edén, nos dejó tan ciegos que creemos que vemos".[1] En el Edén, el ser humano tenía una visión perfecta de Dios, de sí mismo y de toda la creación. Sin embargo,

---

1. Grant Horner, *What Happened in the Garden?: The Reality and Ramifications of the Creation and Fall of Man*, Abner Chou, ed. (Grand Rapids: Kregel Academic, 2016), p. 109.

POR EL PODER DEL ESPÍRITU

a raíz de la caída del hombre, esa visión fue tan gravemente afectada que ahora, a pesar de estar completamente ciegos e ignorantes de nuestra realidad, nosotros creemos que vemos y que eso que vemos se corresponde a la realidad.

En Gálatas 5:16-21, el apóstol Pablo comparte la "fórmula" para triunfar en esta batalla espiritual en la que nos encontramos. Recuerde que esta no es una batalla que encontramos intermitentemente en el camino, sino una batalla en la que vivimos continuamente. Si esta batalla es continua, y lo es, entonces debemos entender que la vida es un entrenamiento continuo para una batalla que no se detiene y que hay que pelear con sabiduría, con determinación y en dependencia del Espíritu de Dios.

Los gálatas, como nosotros, necesitaban entender esa realidad y por eso Pablo les escribió diciendo:

"Digo, pues: anden por el Espíritu, y no cumplirán el deseo de la carne. Porque el deseo de la carne es contra el Espíritu, y el del Espíritu es contra la carne, pues estos se oponen el uno al otro, de manera que ustedes no pueden hacer lo que deseen. Pero si son guiados por el Espíritu, no están bajo la ley. Ahora bien, las obras de la carne son evidentes, las cuales son: inmoralidad, impureza, sensualidad, idolatría, hechicería, enemistades, pleitos, celos, enojos, rivalidades, disensiones, herejías, envidias, borracheras, orgías y cosas semejantes, contra las cuales les advierto, como ya se lo he dicho antes, que los que

practican tales cosas no heredarán el reino de Dios".
(Gá 5:16-21)

En aras de hacer mucho más entendible este pasaje bíblico, definamos o aclaremos desde el principio ciertos términos con los que algunos pudieran estar muy familiarizados y otros no tanto. En esencia, nos gustaría referirnos a dos términos: el Espíritu y la carne. Cuando Pablo menciona el Espíritu en este texto, se está refiriendo al Espíritu Santo que mora en nosotros y por eso la palabra "Espíritu" comienza con letra mayúscula. De manera que, la batalla entre el Espíritu y los deseos de la carne ocurre exclusivamente en los creyentes en quienes mora el Espíritu de Dios, como ya hemos dicho.

El otro término que vale la pena definir es "carne", un concepto que requiere un poco más de explicación. En el griego, la palabra traducida como carne es *sarx*, y esta tiene múltiples significados según el contexto en el que aparece. En el idioma original, la palabra *sarx* aparece unas 147 veces en el Nuevo Testamento (el 75 % de las veces el término es usado por Pablo) y se usa para referirse a diferentes aspectos de nuestra naturaleza. A veces alude,

- al cuerpo,
- a la tierra,
- a lo terrenal,
- a la carne,
- a algo carnal,

- a la vida,
- al hombre,
- al ser humano,
- a la personalidad...[2]

Ahora bien, en el sentido en que estamos usando el término aquí, la palabra "carne" hace referencia a nuestra naturaleza caída con sus pecados y deseos remanentes que continuamente nos hacen tropezar e incluso caer.

A continuación, compartimos tres puntos de enseñanza derivados del pasaje de Gálatas 5:16-21 que son esenciales para triunfar en nuestra lucha continua contra la carne de este lado de la eternidad.

1. La fórmula para no tropezar o caer en la carrera

"Digo, pues: anden por el Espíritu, y no cumplirán el deseo de la carne" (Gá 5:16). Al traducir este texto, algunos hablan de caminar en el Espíritu o vivir en el Espíritu porque la idea de andar es la misma que la de vivir. La palabra traducida como «anden» es *peripatéo* en el original, que es un imperativo presente. La forma imperativa del verbo nos deja ver que esto no es una opción, y la forma presente nos indica que esta forma de vivir debe ser continua. En otras palabras, los

---

2. "*Sarx*", Número Strong: #4561, *The NAS New Testament Greek Lexicon* (https://www.biblestudytools.com/lexicons/greek/nas/sarx.html).

cristianos tenemos una obligación continua de andar o caminar en el Espíritu. Esta es la única garantía para no tropezar y mucho menos caer en la carrera, porque si andamos en el Espíritu no saciaremos los impulsos pecaminosos de la carne. Hay dos formas en que el cristiano puede caminar en la vida: podemos rendirnos a la voluntad de Dios y caminar guiados por Su Espíritu o podemos vivir conforme a los impulsos pecaminosos de la carne. Necesitamos hablar de ambas formas de caminar en la vida para entender lo que realmente significa andar en el Espíritu.

¿Qué significa andar en el Espíritu?

Vivir o andar en el Espíritu implica rendir nuestra mente, corazón y voluntad al control del Espíritu de Dios. Cuando esa rendición se da, el Espíritu comienza a cambiar nuestra forma de pensar, hablar, actuar, valorar a las personas y las circunstancias, respetar y cuidar a los demás, ver la vida, exigir o demandar, perdonar o pedir perdón, y nuestra forma de someternos a la autoridad. Y todo esto se traduce en un estilo de vida muy diferente a como el mundo piensa, siente y actúa.

El Espíritu nos empodera para hacer morir los deseos de la carne; nos da poder para ayunar la carne con todos sus deseos hasta sofocarla. Esa responsabilidad recae sobre nosotros porque hemos sido empoderados para hacer tal cosa. En otras palabras, nuestra santificación no es pasiva. Es nuestra responsabilidad llevar cautivo todo pensamiento a los pies de Cristo (2 Co 10:5) y obedecer la Palabra de

Dios mientras nos rendimos al control del Espíritu que vive en nosotros.

Es nuestra responsabilidad hacer uso de la iluminación que Él provee para entender Su Palabra y una vez entendida, ponerla en práctica.

Asimismo, es nuestra responsabilidad hacer uso del "querer y el hacer" que el Espíritu pone en nosotros para no obedecer las obras de la carne.

Cuando desobedecemos, estamos ignorando:

- la guía del Espíritu,
- los impulsos del Espíritu,
- los frenos del Espíritu,
- la sabiduría del Espíritu,
- los recordatorios del Espíritu,
- las advertencias del Espíritu,
- incluso negamos el poder del Espíritu que mora en nosotros.

Al desobedecer, la única razón por la que un cristiano no hizo lo que debía hacer es porque en su interior hubo un enfrentamiento entre lo que su naturaleza pecaminosa deseaba hacer y lo que el Espíritu de Dios quería que esa persona hiciera, y él o ella permitió que la carne ganara la batalla. De ahí que cada creyente necesite entender las características de la batalla espiritual en la que nos encontramos y decidir de antemano a quién va a ceder el paso: a los impulsos de la carne o a la dirección del Espíritu Santo.

¡Es tan sencillo como eso!

Como ya mencionamos, podemos andar en el Espíritu o podemos andar según la carne. Acabamos de definir lo que significa andar en el Espíritu, veamos ahora lo que significa andar según la carne.

¿Qué es andar según la carne?

Andar según la carne es multidimensional. Por un lado, implica actuar conforme a los deseos de nuestra naturaleza caída.

Por otro lado, implica pensar como el mundo piensa en términos de fama, poder, dinero, prestigio, privilegio, posición, popularidad y apariencia externa. El académico William E. Vine lo explicó de esta manera:

> "El caminar según la carne es cultivar la amistad con el mundo; ceder a la influencia que debilitaría nuestra alianza con Cristo; es negar nuestro llamado a ser santos y nuestra relación con Él, a la que Dios nos trajo por Su gracia, y entrar en la pérdida de Su aprobación y en la pérdida de nuestra recompensa futura".[3]

Todo ser humano vive en la carne hasta que tiene un encuentro personal con Cristo donde reconoce su condición de pecador, pide perdón por sus pecados, y de manera

---

3. W. E. Vine, *The Collected Writings of W. E. Vine* (Nashville: Thomas Nelson, 1996).

sincera proclama a Cristo como su Salvador y Señor. En ese momento el Espíritu de Dios viene a morar en esa persona, que nace de nuevo, y desde ese momento es una nueva criatura al punto que todas las cosas viejas se consideran pasadas y todas son hechas nuevas (2 Co 5:17).

2. La lucha entre lo que nuestra carne anhela hacer y lo que el Espíritu desea que hagamos

"Porque el deseo de la carne es contra el Espíritu, y el del Espíritu es contra la carne, pues estos se oponen el uno al otro, de manera que ustedes no pueden hacer lo que deseen". (Gá 5:17)

Cuando el Espíritu viene a morar en nosotros, no viene a imponer Su voluntad y Sus deseos como lo hace un tirano, sino que viene a capacitarnos para ejercer nuestra voluntad conforme a los dictámenes de Dios. En el proceso, somos transformados de gloria en gloria a la imagen de Cristo (2 Co 3:18).

De manera que tenemos lo que se requiere para obedecer, y nos referimos específicamente al poder de Dios por medio del Espíritu Santo que mora en nosotros. Pero al mismo tiempo, tenemos lo que se requiere para desobedecer, y nos referimos a la presencia de la naturaleza caída que permanece con nosotros con deseos pecaminosos. Estos deseos son extremadamente poderosos y complacientes del "yo".

Además, son contrarios a la ley de Dios. Esto a menudo resulta en que, en lugar de ceder nuestra voluntad a los deseos del Espíritu, terminamos cediendo nuestra voluntad a los deseos de la carne.

Sin duda, la carne es nuestro mayor problema. La pregunta es ¿por qué? Y esta es la respuesta:

- La carne no puede ser regenerada como lo puede ser nuestro espíritu.
- La carne no puede ser enseñada a complacer a Dios porque obedece a impulsos.
- La carne no puede ser mejorada moralmente porque la carne no tiene principios morales; la moralidad es parte de la mente y del corazón del hombre.
- La carne solo puede ser restringida o negada de sus deseos.
- La carne solo puede ser disciplinada.

Por eso, con razón, Pablo dijo: "… golpeo mi cuerpo y lo hago mi esclavo, no sea que habiendo predicado a otros, yo mismo sea descalificado" (1 Co 9:27). Pablo disciplinaba los deseos de su carne ejerciendo el dominio propio, que es parte del fruto del Espíritu. Es el Espíritu quien nos ayuda a refrenar la carne y nos capacita para cumplir con nuestra responsabilidad de debilitar y hacer morir las obras de la carne, como se mencionó anteriormente.

El apóstol Pablo no fue la única persona que escribió en el Nuevo Testamento acerca de esta lucha continua entre la carne y el Espíritu. El apóstol Pedro alude a esta lucha en su primera carta cuando escribe:

"Amados, les ruego como a extranjeros y peregrinos, que se abstengan de las pasiones carnales que combaten contra el alma". (1 P 2:11)

La palabra "combaten" hace referencia "a una lucha o guerra entre dos personas o ejércitos". El lenguaje utilizado por Pedro no es casual ni fue seleccionado al azar. El Espíritu de Dios lo movió a usar este término para transmitir la idea de que la lucha que tenemos no es sencilla ni ligera. Se trata de un combate no bélico o una pugna interior entre nuestra carne y el Espíritu como leemos en Gálatas 5:17. Lamentablemente, esa lucha constante entre los deseos de la carne y los deseos del alma nos impide tener una comunión íntima con Dios. De ahí la necesidad de reducir la intensidad de esta lucha sometiendo nuestra voluntad a la guía del Espíritu para que nos ayude a no ceder a los impulsos de la carne. Si no nos proponemos cultivar nuestra dependencia del Espíritu, la lucha será tan intensa que restará calidad a nuestra comunión con Dios.

En Gálatas 5:18, Pablo enfatiza la necesidad y la bendición de ser guiados por el Espíritu de Dios: "Pero si son guiados por el Espíritu, no están bajo la ley" (Gá 5:18). El que es guiado por el Espíritu está bajo el pacto de gracia que Cristo inauguró y no bajo el pacto de la ley de Moisés. Los falsos maestros en las iglesias de Galacia estaban confiando en la posibilidad de cumplir la ley de Moisés por sus propios esfuerzos. Sin embargo, la realidad es que, aunque tenemos el Espíritu morando en nuestro interior, somos incapaces de cumplir la ley de Moisés debido a la presencia de la naturaleza pecaminosa que todavía ejerce una poderosa influencia sobre nosotros, llevándonos a pecar de manera recurrente. Pero el que es guiado por el Espíritu recibe del mismo Espíritu la convicción de que no puede cumplir la ley de Moisés y que, más bien, necesita confiar en el poder del Espíritu Santo para comenzar a obedecer. El que es guiado por el Espíritu reconoce que su obediencia no es completa y, por lo tanto, necesita confiar en la obra de Cristo a su favor.

3. Tenemos que librar la batalla continuamente hasta al final

Cuando leemos la expresión "pasiones carnales" en la Biblia, no se refiere exclusivamente a pecados extremos como la pornografía, el abuso del alcohol o el uso de drogas ilícitas. Estos son solo tres ejemplos de cientos de pasiones carnales. Note la lista que Pablo hace en Gálatas 5:

> "Ahora bien, las obras de la carne son evidentes, las cuales son: inmoralidad, impureza, sensualidad, idolatría, hechicería, enemistades, pleitos, celos, enojos, rivalidades, disensiones, herejías, envidias, borracheras, orgías y cosas semejantes". (Gá 5:19-21)

Lo increíble de esta lista es que coloca pecados como la idolatría y la inmoralidad sexual en la misma categoría que la enemistad, los celos, el enojo y la envidia. Pablo las agrupa de esta manera porque todas estas cosas tienen un común denominador: son obras de la carne y no proceden del Espíritu. Por eso es tan importante que los hijos de Dios reconozcamos que estamos lidiando con una naturaleza caída que tiene deseos e impulsos pecaminosos que se oponen al obrar del Espíritu y que no van a desaparecer mientras tengamos un cuerpo caído y estemos de este lado de la gloria.

En Gálatas 5:19, Pablo menciona un grupo de obras de la carne que corresponden a la sexualidad humana: inmoralidad, impureza, sensualidad. En esencia, todo lo que corresponde a la sexualidad humana que no está permitido por Dios. En Gálatas 5:21, Pablo agrega una práctica más representada por la palabra "orgía", que entendemos no necesita ser definida en este espacio. Si agrupamos estas cuatro palabras, nos damos cuenta de que se refieren al uso de la sexualidad humana sin restricciones. Así vivía el mundo gentil en la antigüedad, y en esa misma dirección ha ido la sociedad moderna últimamente, a pesar de que una vez fue impactada por los valores cristianos. El ser humano quiere vivir sin frenos y llama a eso libertad, cuando en realidad *la libertad consiste en vivir en dependencia del Espíritu, no dominado por las pasiones de la carne.* Por tanto, Dios espera que nos ocupemos en nuestra santificación de tal manera que vayamos debilitando el poder de la carne en nuestra vida (1 Ts 4:3-7).

Una libertad mal entendida

"Porque ustedes, hermanos, a libertad fueron llamados; solo que no usen la libertad como pretexto para
la carne, sino sírvanse por amor los unos a los otros.
Porque toda la ley en una palabra se cumple en el
precepto: 'Amarás a tu prójimo como a ti mismo'.
Pero si ustedes se muerden y se devoran unos a otros,
tengan cuidado, no sea que se consuman unos a
otros". (Gá 5:13-15)

Durante cientos de años, la civilización occidental
ha celebrado la venida de Cristo al mundo con gran alegría y entusiasmo entre amigos y familiares, incluso cuando todavía lidiamos con las secuelas de una pandemia.
Lamentablemente, en el proceso, muchos han olvidado que
lo que celebramos no es simplemente el nacimiento de un
niño, ni siquiera el nacimiento mismo de Jesús. Más bien,
celebramos la razón por la que Jesús decidió hacer entrada
en la tierra y las bendiciones monumentales que trajo con
Su encarnación.

Entonces, podríamos decir que más que el nacimiento
de Jesús, celebramos la encarnación de la segunda persona
de la Trinidad que vino en una misión de emancipación a
un mundo en perdición para un futuro de bendición.

Celebramos nuestra liberación del cautiverio a través
de la persona de Jesús. Celebramos la llegada de la persona que pondría fin a la caída de la creación. Celebramos

el anuncio del libertador más grande de la historia: la persona que pondría fin al dolor, al pecado y a la muerte. Verdaderamente, Cristo vino a traernos libertad y eso es digno de celebrarse. Sin embargo, es triste ver que, años después, muchos aún no han entendido la libertad que Cristo vino a ofrecer, y eso también incluye a muchos cristianos. Más adelante doy una breve descripción de cómo debemos entender la libertad.

¿En qué consiste la libertad cristiana?

Jesús vino a liberarnos del pecado, la ley y la muerte a la que todos estamos sujetos. En esencia, Cristo nos llamó de la esclavitud de la naturaleza pecaminosa a la libertad del Espíritu para que podamos vivir en abundancia, con plenitud de gozo, sin quejas, murmuraciones o lamentos. Sin embargo, para vivir en libertad de esa manera, Cristo tendría que libertarnos:

- de nuestras inseguridades,
- de nuestros temores,
- de nuestros orgullos,
- de nuestros resentimientos,
- de nuestras amarguras,
- de nuestros desaciertos,
- de nuestras culpas,
- de nuestras incertidumbres,
- de nuestros egoísmos y
- de nuestros celos y envidias.

Es en este sentido que Pablo afirma: "Pues ustedes, mis hermanos, han sido llamados a vivir en libertad" (Gá 5:13, NTV). Lamentablemente, esto ha significado diferentes cosas para diferentes personas que han hablado de libertades que Cristo nunca proclamó.

La mayoría de las personas entienden la libertad en términos individuales. Note lo que los autores del libro *The Cross Before Me* [La cruz delante de mí], Rankin Wilbourne y Brian Gregor, explican acerca de cómo las personas suelen entender la libertad:

> "La Iglesia se ha beneficiado enormemente de las libertades religiosas en Estados Unidos. Sin embargo, una forma falsa de libertad puede convertirse rápidamente en un ídolo. La falsa libertad del cristianismo americano puede convertirse en formas individualistas de la fe que están relacionadas al 'YO', para llenar sus propias necesidades y deseos para que le sirvan a sus preferencias particulares. El 'YO' no se debe a ninguna tradición, a ninguna autoridad ni a límites externos".[4]

Pero eso, más que libertad, es egoísmo e idolatría del "yo", lo que representa un problema porque la libertad como ídolo no tiene en cuenta las consecuencias que el ejercicio de esa libertad puede traer a otros. De ahí que la

---

4. Rankin Wilbourne y Brian Gregor, *The Cross Before Me* (Colorado Spring: David C. Cook, 2019).

libertad del creyente debe tener como marco de referencia el segundo gran mandamiento de la ley de Cristo que se menciona en el citado pasaje de Gálatas 5: "Amarás a tu prójimo como a ti mismo". Honrar este mandato es fundamental, porque la libertad sin límites rápidamente se convierte en libertinaje.

Hoy la libertad consiste en que se nos permita hacer lo que queramos porque "a libertad nos llamó Cristo", dicen muchos cristianos. No obstante, eso dista mucho del concepto de libertad que Cristo nos dejó en la Palabra. La libertad del pueblo de Dios, más que individual, es comunitaria. En el Antiguo Testamento vemos que Dios sacó al pueblo hebreo al desierto para que toda la nación disfrutara de libertad y no para que las personas disfrutaran de libertad individual. De hecho, cuando un buen grupo de personas pecó en el desierto, todo el pueblo sufrió las consecuencias de su pecado. Y cuando un pequeño grupo fue fiel a Dios, finalmente todo el pueblo entró a la tierra prometida y no solo un grupo.

El apóstol Pablo era consciente del peligro que representa decirle a un ser humano caído: "Eres libre". Por eso, nos advierte: «No usen esa libertad para satisfacer los deseos de la naturaleza pecaminosa" (Gá 5:13, NTV). En otras palabras, "no den rienda suelta a los deseos de la carne". En el contexto inmediato, este versículo pudiera estar haciendo referencia a la inmoralidad, pero en un contexto más amplio es un llamado a no entender nuestra libertad como un estilo de vida individualista que no permite que ninguna otra persona, autoridad, reglamento o ley nos impida hacer lo que queremos hacer.

Filipenses 2:3 nos llama a considerar al otro como superior a nosotros, y esto en sí mismo constituye un freno a nuestra libertad individualista, ya que difícilmente una persona que piense de esta manera abusará de su libertad, porque el abuso de esa libertad terminaría afectando a otros. Considerar al otro como superior a nosotros mismos de inmediato nos ayuda a entender el llamado de Pablo a no usar "la libertad como pretexto para la carne" (Gá 5:13). A Pablo le preocupaba que los gálatas tomaran sus enseñanzas sobre la salvación por gracia y convirtieran esa gracia en una licencia para pecar cuando, de hecho, Cristo rompió el yugo de la esclavitud al pecado y nos hizo libres precisamente para no pecar.

Con frecuencia, especialmente en momentos donde alguien se siente acusado o cuestionado por otros, las personas hablan de tener "libertad de conciencia" para referirse a que no deben violentar los dictámenes de su conciencia. La idea es que, si en nuestra conciencia estamos convencidos de algo, otros no pueden obligarnos a actuar en contra de nuestra conciencia. Este concepto es bíblico y la Biblia tiene mucho que decir al respecto, pero al mismo tiempo debemos cuidarnos de no llevar esta idea a un extremo, porque la persona que reclama libertad de conciencia es una persona caída y, por lo tanto, no es infalible.

A modo de ilustración, imagine que en el día de mañana un pastor comunica a sus ovejas que está convencido en su conciencia de que la poligamia es la forma correcta de vivir y les advierte que no pueden oponerse a tal cosa porque está convencido de esa realidad y, en base al principio de libertad, exige que la congregación respete su conciencia. ¡De ningún modo!, diría Pablo, porque nuestra libertad de consciencia está limitada por la Palabra de Dios.

Al pensar en nuestra libertad cristiana, debemos considerar:

- Las decisiones que tomamos con frecuencia revelan los deseos de nuestro corazón.
- El corazón es engañoso y, por lo tanto, no es confiable (Jr 17:9) y tampoco lo son nuestras decisiones.
- La decisión final que tomemos dependerá de a quién queremos complacer, a nosotros mismos o a Dios. La decisión siempre se reduce a nuestra voluntad o la Suya.
- Nadie está tan avanzado en la vida cristiana como para no necesitar consultar a otros cuando las situaciones no están claras. Nos recuerda al pasaje en 1 Corintios 8:2: "Si alguien cree que sabe algo, no ha aprendido todavía como debe saber". Ahora solo conocemos en parte.

Santifiquemos nuestras emociones antes de que ellas nos «sacrifiquen» a nosotros

Los hijos de Dios, como todos los seres humanos, tenemos emociones que necesitan ser santificadas antes de que ellas tomen control sobre nosotros y nos destruyan. Esta es la realidad con la que inevitablemente luchan todos los creyentes, pues mientras el cuerpo esté caído tendremos pasiones caídas. No obstante, con la ayuda del Espíritu Santo que mora en nuestro interior, somos capaces de hacer frente a esas pasiones carnales que están siempre a la puerta, ansiosas por controlarnos. Solo por el poder del Espíritu Santo podemos santificar nuestras emociones y someterlas al señorío de Cristo.

Continuando con el tema de las obras de la carne, en Gálatas 5:20 Pablo hace referencia a tres palabras relacionadas con una distorsión de la espiritualidad humana: idolatría, hechicería y herejías. La *idolatría* habla de la adoración de dioses paganos que en aquella época se hacía principalmente a través de la adoración de estatuas, una práctica que aún continúa hasta el día de hoy. La *hechicería* tiene mucho que ver con el ocultismo, una práctica que frecuentemente se ha asociado con el control de espíritus con la idea de causar daño a los demás. Otras veces, la hechicería se ha relacionado con las visitas que alguien le hace a un brujo para que haga "un trabajo" a su favor para que los espíritus lo protejan de cualquier agresión. Por último, las *herejías* consisten en distorsiones de la verdad de Dios por parte de personas que llegaron a conocer la verdad, pero luego comenzaron a enseñar filosofías extrañas con la intención de arrastrar a las personas lejos de la verdadera fe y hacia sus nuevos grupos o movimientos. Todas estas prácticas son obras de la carne y son más o menos obvias.

Lo que más llama la atención, sin embargo, es que todas estas prácticas extremas como la brujería, la hechicería, las herejías, así como las prácticas sexuales ya mencionadas en sus formas más depravadas, pertenecen a la misma lista de otras obras de la carne que nos parecen más o menos tolerables porque son comunes. En particular, nos referimos a las obras de la carne mencionadas en el versículo 20 de Gálatas 5: enemistades, pleitos, celos, enojos, rivalidades, disensiones. Y en el versículo 21, Pablo menciona la envidia como parte de este grupo. Ahora bien, los pleitos, los enojos y las disensiones están en la misma categoría de obras de la carne que la inmoralidad y el desenfreno sexual porque es la falta del control del Espíritu lo que produce cada una de estas pasiones de la carne. Los celos y las envidias por igual. Estos pecados tienen su origen en el orgullo humano. La humildad no genera enemistades, ni pleitos, ni rivalidades, ni disensiones… solo el orgullo.

Las obras de la carne son contrarias al deseo del Espíritu

Veamos ahora cómo las obras de la carne son contrarias al deseo del Espíritu como se mencionó anteriormente. La carne produce una cosa y el Espíritu de Dios produce algo completamente opuesto. Ilustrémoslo con la Palabra.

En Gálatas 5:20 Pablo menciona la ira como una obra de la carne, y en Gálatas 5:23 nos dice que lo opuesto a la ira es la mansedumbre, que es fruto del Espíritu. De modo que, la ira es obra de la carne y la mansedumbre es fruto del Espíritu.

En Gálatas 5:20 vemos que la división es obra de la carne, y en Efesios 4:3 se nos dice que la unidad es obra del Espíritu. En otras palabras, la carne causa división, mientras que el Espíritu crea unidad.

En Gálatas 5:20 se nos dice que los pleitos son obra de la carne; pero en Gálatas 5:22 se nos dice que la paciencia, que evita los pleitos, es fruto del Espíritu.

En Gálatas 5:20 se nos dice que las rivalidades son fruto de la carne; pero Gálatas 5:22 afirma que la paz es fruto del Espíritu.

En Gálatas 5:20 leemos que la inmoralidad, la sensualidad, las borracheras y las orgías son fruto de la carne, pero Gálatas 5:23 dice que el dominio propio que frena toda esa depravación es fruto del Espíritu. El dominio propio no coarta nuestra libertad; más bien, el dominio propio nos ayuda a frenar todos los deseos de la carne que nos esclavizan y nos permite vivir en la verdadera libertad.

Cobre ánimo, el León de la tribu de Judá ha vencido. Su victoria es nuestra victoria, Su reino es nuestro reino y Su herencia es nuestra herencia. De manera que, los hijos de Dios podemos caminar confiados de que hay un futuro mejor; de que habrá un momento en el que el rugir del León se escuchará a lo largo de todo el universo y nuestra batalla contra el pecado finalmente terminará. En el ínterin, no se olvide las palabras de Juan en Apocalipsis 1, donde nos dice acerca de Aquel que es y que era y que ha de venir, Cristo Jesús:

"[…] hizo de nosotros un reino, sacerdotes para Dios, Su Padre, a Él sea la gloria y el dominio por los siglos de los siglos. Amén. ÉL VIENE CON LAS NUBES, y todo ojo lo verá, aun los que lo traspasaron; y todas las tribus de la tierra harán lamentación por Él. Sí. Amén. 'Yo soy el Alfa y la Omega', dice el Señor Dios, 'el que es y que era y que ha de venir, el Todopoderoso'". (Ap 1:6-8)

CAPÍTULO 2

CUANDO EL AMOR TESTIFICA DE LA OBRA DEL ESPÍRITU EN NOSOTROS

"Pero el fruto del Espíritu es **amor**, gozo, paz, paciencia, benignidad, bondad, fidelidad, mansedumbre, dominio propio; contra tales cosas no hay ley". (Gá 5:22-23)

La primera virtud del fruto del Espíritu en la lista que aparece más arriba es el amor. En Gálatas 5:22, la palabra en griego traducida como amor es "ágape", que como sabemos implica el amor incondicional. Pero ¿qué es el amor ágape? Queremos definirlo como un deseo interno de dar a la otra persona lo mejor de nosotros mismos para su bien, aunque eso suponga la peor de las experiencias para nuestra vida. Dios tuvo ese deseo y nos dio lo mejor de Él, a Su único Hijo para nuestro bien, aunque eso significó la peor experiencia para el Hijo que terminó crucificado en un madero.

El amor incondicional comienza por hacer una oferta al otro así como Dios ofreció salvación a cada uno de nosotros. Y luego termina muchas veces persiguiendo a ese otro para darle lo que no quiere recibir. Ese amor ágape tipifica a nuestro Dios que nos ha "perseguido" tratando de darnos salvación mientras permanecíamos indiferentes a Su oferta. Así lo vemos a lo largo de la historia del pueblo judío y con la historia de la Iglesia. Cristo amó dando Su compañía, Su amistad, Sus enseñanzas, Su corazón, Su mente, Su servicio,

Sus promesas, y cuando ya no quedaba más por dar, dio Su vida porque amar es dar.

El amor es un tanto extraño porque cuando es verdadero sigue amando aun en ausencia de la respuesta del otro. Esto se debe a que el amor incondicional no es despertado por ninguna condición que exista en el ser amado, sino por el deseo de ver el bien en el otro, tal como vemos en la relación de Dios con Israel, descrita en Deuteronomio 7:7-8: "El SEÑOR no puso Su amor en ustedes ni los escogió por ser ustedes más numerosos que otro pueblo, pues eran el más pequeño de todos los pueblos; mas porque el SEÑOR los amó y guardó el juramento que hizo a sus padres, el SEÑOR los sacó con mano fuerte y los redimió de casa de servidumbre, de la mano de Faraón, rey de Egipto".

No había nada en el pueblo judío y no hay nada en nosotros hoy que pudiera despertar el amor de Dios por nosotros, pero aun así Dios nos ama incondicionalmente porque el amor ágape proviene más bien del carácter del que ama que de la condición del ser amado. De manera que, no es lo que el otro tiene lo que despierta el amor incondicional, sino lo que el otro no tiene y que la persona que ama quiere darle. No teníamos nada y Dios fue movido a darnos de Él tanto como sea posible y de todo lo que Él tiene, precisamente por nuestras carencias. Una vez más, no fue lo que teníamos que movió el amor de Dios, sino lo que no teníamos.

El amor es central a la vida cristiana, es esencial y es vital. La vida cristiana por completo está construida sobre la base del amor: el amor a Dios y el amor al prójimo. Sin amor,

- evitamos a los demás;
- condenamos a los demás;
- acusamos a los demás;
- no servimos a los demás;
- nos dividimos del resto;
- nos alejamos de todo el mundo, es solo cuestión de tiempo;
- nos denunciamos unos a otros;
- nos mordemos unos a otros;
- despreciamos a los que no son como nosotros; y
- no cuidamos a quien lo necesita.

Los enemigos del amor

En su libro *Character Matters* [El carácter importa], el pastor Aaron Menikoff habla de los enemigos del amor y menciona básicamente dos: el orgullo y el egoísmo. Menikoff comenta que:

> "El orgullo pregunta cómo lucimos, en lugar de cómo se sienten los demás [...]. El orgullo se preocupa más por el sentido de importancia del líder que por la santificación de la congregación".[1]

A esto podemos agregar que el orgullo hiere, pero el amor sana. El orgullo divide, mas el amor une. El orgullo crea

---

1. Aaron Menikoff, *Character Matters: Shepherding in the Fruit of the Spirit* (Chicago, IL: Moody Publishers, 2020), p. 32.

enemigos, pero el amor toma al enemigo y lo convierte en amigo. En ese último sentido, el amor destruye al enemigo, pero lo hace de una forma muy diferente a como lo hace el orgullo.

- El amor presupone una entrega y el orgullo no está dispuesto a entregarse porque está convencido de su superioridad con relación a otros. El orgullo quiere llevarnos a la gloria, pero el amor nos lleva a la cruz.

- El orgullo desea que le laven los pies, pero el amor nos lleva a lavar los pies de los demás.

- El orgullo pelea para ganar, pero el amor asume la pérdida.

- El amor está dispuesto a perder la comodidad, a perder el argumento, a perder la posición e incluso a perder dinero por el bien de otro. Ciertamente, el orgullo es un enemigo del amor.

El egoísmo es el otro enemigo del amor porque para el egoísmo el servicio es demasiado inconveniente y hasta doloroso. En 1 Corintios 13 Pablo afirma que el amor no busca lo suyo, pero el egoísmo no sabe hacer otra cosa. El egoísmo no sabe amar al otro y no quiere aprender a hacerlo porque prefiere ser amado por los demás y recibir de los demás antes que darse a sí mismo. **Por tanto, el orgullo y**

el egoísmo son obras de la carne, mientras que el amor es fruto del Espíritu.

Entender todo esto es especialmente importante para los líderes de la Iglesia porque, como explica el pastor Menikoff en el libro citado anteriormente, los verdaderos líderes no solo lideran, sino que aman. Antes de ascender hasta lo sumo, Cristo tuvo que descender hasta nosotros y luego humillarse a lo sumo, hasta morir en una cruz y ser puesto en un sepulcro, para entonces ser exaltado por Dios y recibir la corona. Por eso se ha dicho que no hay corona sin cruz, porque en el reino de los cielos el camino hacia arriba es hacia abajo.

El amor es la evidencia de que hemos entendido la cruz. En otras palabras, la dificultad que muchas veces tenemos para amar a los demás es un reflejo de que no hemos entendido del todo las implicaciones de la cruz. La cruz no solo trajo salvación y vida eterna a nuestra vida, sino que también nos sirve de ejemplo para vivir la vida cristiana día a día. Toda nuestra vida debe ser cruciforme, y si no lo es, entonces para nosotros, el amor es básicamente una emoción. De hecho, no entendemos completamente el amor porque toda nuestra vida nos han enseñado que el amor es un sentimiento cuando, en realidad, según 1 Corintios 13, el amor es una acción.

Cuando Pablo dice que *el amor es paciente,* la idea en el idioma original es que el amor soporta el sufrimiento, la frustración y la desilusión con gracia, sin reaccionar y sin dispararse. El amor no es simplemente paciente, sino que convive pacientemente con los demás porque entiende cuán paciente Dios ha sido con nosotros. Por otro lado, en 1 Corintios 13 se nos dice que *el amor es bondadoso*. Comparemos la paciencia de la que acabamos de hablar con la bondad. Para comenzar, *la paciencia* tiene que ver con la "lentitud" con la que reaccionamos ante las faltas de los demás. Eso es lo que hace el amor. El amor se comporta pacientemente porque el amor es algo que hacemos más que algo que sentimos. Por su parte, *la bondad* no tiene que ver con la forma en que reaccionamos, sino con la forma en que actuamos benevolentemente hacia otros y como los abordamos. Los autores del libro *The Cross Before Me* [La cruz delante de mí] hablan de que "la verdadera prueba de la bondad es que tú ves, pero tú permaneces. Tú permaneces involucrado con el otro, profundamente consciente de la viga que hay en tu propio ojo (Mt 7:2-3)".[2]

Necesitamos entender lo que verdaderamente es amar porque amar es un verbo. Los creyentes hemos sido llamados a amar y, por lo tanto, hemos sido llamados a accionar y no solamente a sentir. Note cómo Juan expresa esto en su primera carta:

"Pero el que tiene bienes de este mundo, y ve a su hermano en necesidad y cierra su corazón contra él, ¿cómo puede morar el amor de Dios en él? Hijos, no amemos de palabra ni de lengua, sino de hecho y en verdad". (1 Jn 3:17-18)

---

2. Rankin Wilbourne y Brian Gregor, *The Cross Before Me* (Colorado Springs: David C. Cook, 2019).

Juan nos prohíbe hablar del amor en términos de hacerlo de palabra o solo de labios y nos llama a amar de hecho y en verdad. ¿Por qué? Porque amar es un verbo y, por lo tanto, un llamado a la acción. Note que en Juan 3:16, la Palabra de Dios no dice que Dios amó tanto al mundo que sintió... ¡en absoluto! Más bien, tanto amó Dios al mundo que dio, y dio lo mejor de Sí para el bien de otros. Amar es dar y el dar se proyecta hacia afuera. Fuimos creados para proyectarnos hacia fuera... verticalmente hacia Dios y horizontalmente hacia los demás. Y esa disposición no viene de la carne, sino del Espíritu que mora en nosotros que va cultivando lo que la carne no puede hacer. Dios vive "proyectado" hacia fuera. Piense en lo siguiente:

- Cuando Dios proyectó Su ser hacia fuera, nos dio la creación que proclama Su gloria.

- Cuando Dios proyectó Su imagen y semejanza, nos dio la vida y fuimos creados.

- Cuando Dios proyectó la brillantez de Su ser, nos dio la luz y fue la luz antes de que existiera el Sol y la Luna.

- Cuando Dios proyectó Su amor, Su gracia y Su misericordia, nos dio a Su Hijo en un vientre, luego en un pesebre, luego en una cruz y finalmente nos dio a Su Hijo en gloria para el resto de la eternidad.

Dios vive proyectado hacia fuera porque en la plenitud de Su autosatisfacción, Él desea satisfacer a otros. Eso es amar. Amar es el deseo desinteresado de suplir las carencias del otro, y eso no tiene que ver con lo que el otro hace por nosotros, sino con la plenitud del que ama, Dios. Y luego de la llenura del Espíritu en nosotros que se desborda y llena a otros.

Los seres humanos fuimos creados para vivir en proyección hacia afuera, programados para darnos a los demás, y cuando no actuamos de esta manera vivimos insatisfechos tratando de proyectarnos hacia afuera, pero no para dar al otro, sino para tomar del otro.

Toda la ley y los profetas (la vida cristiana) fueron resumidos en dos mandamientos: ama a Dios y ama al prójimo. Si usted toma una balanza y coloca el amor de un lado, verá que en el lado opuesto es donde encuentra la venganza, el rencor, la falta de perdón, la crítica, la murmuración, la calumnia, la condenación, el juicio, la maquinación y la manipulación. De ese mismo lado encontrará también el orgullo, el prejuicio, el egocentrismo, el sentido de superioridad, la autojusticia, la comodidad y la creencia de ser inherentemente merecedor de privilegios o trato especial. Todo lo anterior es contrario a la virtud del amor. Y aún más, todas las inclinaciones mencionadas nos impiden amar a nuestro prójimo y amar a nuestro hermano. Y si no amamos al hermano o al prójimo, no podemos amar a Dios como afirma la Palabra:

"Si alguien dice: 'Yo amo a Dios', pero aborrece a su hermano, es un mentiroso. Porque el que no ama a su hermano, a quien ha visto, no puede amar a Dios a quien no ha visto". (1 Jn 4:20)

El amor como evidencia del fruto del Espíritu

¿Cuál es, entonces, la manera de amar a los demás? La respuesta es sencilla: como a nosotros mismos. La palabra "como" es importante en esta oración. Este es un término comparativo que nos permite ver que solo necesitamos observar cómo nos comportamos con nosotros mismos para saber cómo debemos comportarnos con los demás. Ahora bien, para amar a los demás, primero necesitamos amar a Dios con todo nuestro corazón, con toda nuestra alma, con toda nuestra mente y con toda nuestra fuerza. Eso hace que Dios llene nuestro ser de Su amor. Luego tenemos que amar al prójimo como a nosotros mismos. Pero necesitamos descubrir cómo nos amamos a nosotros mismos para poder hacer lo mismo con los demás. Para ilustrar, considere lo siguiente:

- Si trata de satisfacer sus necesidades, haga lo mismo con su prójimo.
- Si no se condena, critica, difama y calumnia a sí mismo, si no expone sus faltas para que otros no piensen mal de usted, entonces no haga eso con su prójimo.

- Si es paciente consigo mismo, sea paciente con su prójimo.
- Si cuida de sí mismo, también cuide a su prójimo.
- Si no se rechaza a sí mismo, no rechace a su prójimo.

Recuerde que el amor no busca lo suyo (1 Co 13:5). Mientras esté buscando lo suyo, su tiempo, su espacio, su necesidad, su comodidad, sus intereses, no podrá amar a Dios y tampoco podrá amar al prójimo. El problema es que en nuestro interior hemos definido quién es el prójimo que vamos a amar. Por ejemplo:

- Amamos al prójimo que piensa como nosotros.
- Amamos al prójimo que acepta nuestras ideas.
- Amamos al prójimo que se somete o acepta nuestro liderazgo.
- Amamos al prójimo que nos sigue.
- Amamos al prójimo que nos hace sentir bien y nos reconoce.
- Amamos al prójimo que nos aplaude.
- Amamos al prójimo que no interfiere con nuestros planes.

En nuestra opinión, ese es un "buen" prójimo y es a quien hemos decidido amar. Pero jamás amaríamos al prójimo que nos niega tres veces. Nuestro "peor" prójimo es nuestro enemigo, y respecto a ese enemigo, Cristo nos dice lo siguiente:

"Ustedes han oído que se dijo: 'Amarás a tu prójimo y odiarás a tu enemigo'. Pero Yo les digo: amen a sus enemigos y oren por los que los persiguen, para que ustedes sean hijos de su Padre que está en los cielos; porque Él hace salir Su sol sobre malos y buenos, y llover sobre justos e injustos". (Mt 5:43-45)

Cristo nos llama a amar y orar por nuestro enemigo. Pero ¿cuál sería la razón para amar a un enemigo? Cristo mismo nos da la respuesta: "para que ustedes sean hijos de su Padre que está en los cielos; porque Él hace salir Su sol sobre malos y buenos, y llover sobre justos e injustos" (Mt 5:45). La marca distintiva de un hijo de Dios es su capacidad para amar incluso a sus enemigos. Dios hace salir el sol sobre buenos y malos y nuestro llamado es a imitar a Dios. Las divisiones, los alejamientos, las enemistades, las separaciones y los enfriamientos son originados por una sola cosa: un amor excesivo hacia nosotros mismos y un amor insuficiente hacia nuestro prójimo o nuestro hermano. Todo eso es obra de la carne, pero no fruto del Espíritu.

Una vez más, el amor es el deseo interno de dar lo mejor de nosotros para el mejor bien del otro independientemente de las experiencias o circunstancias que nos toque vivir. El amor es la evidencia de la obra del Espíritu en nosotros y la evidencia de que hemos entendido la cruz. En el calvario, Dios puso en despliegue Su definición del amor. El gran teólogo Jonathan Edwards lo expresó de esta manera:

"El amor de Cristo fue de tal manera que se entregó a sí mismo por nosotros. Su amor no consistió meramente en sentimientos, ni en esfuerzos ligeros, ni en sacrificios pequeños, sino que mientras nosotros éramos sus enemigos, aun así, Él nos amó de tal manera que tuvo un corazón para negarse a sí mismo y asumir los esfuerzos más extraordinarios y pasar por los peores sufrimientos para beneficio nuestro. Él renunció a su propia comodidad y tranquilidad e interés y honor y riqueza; y se hizo pobre y despreciado y no tuvo dónde descansar su cabeza y lo hizo por nosotros".[3]

Cuando se trata de amar, Cristo Jesús es nuestro modelo a seguir, y el Espíritu Santo es quien nos da la convicción de lo que significa amar y quien nos capacita para poder amar como Cristo lo hizo.

El amor: el resumen de toda la ley

Cristo resumió toda la ley en dos mandamientos:

1. "Amarás al Señor tu Dios con todo tu corazón, y con toda tu alma, y con toda tu mente, y con toda tu fuerza".
2. "Amarás a tu prójimo como a ti mismo".

---

3. Jonathan Edwards, *Charity and Its Fruits: Christian Love as Manifested in the Heart and Life* (Carlisle, PA: Banner of Truth, 1969), p. 179.

Pero ahora Pablo parece resumir toda la ley en un solo mandamiento al decir:

"Porque toda la ley en una palabra se cumple en el precepto: 'Amarás a tu prójimo como a ti mismo'". (Gá 5:14)

Esto no representa una contradicción. El apóstol Pablo era consciente de que el amor es de Dios y proviene de Dios. También era consciente de que nadie puede amar a su prójimo si no ama a Dios primero. Por esa razón, resumió la ley de Dios en un solo mandamiento: "Amarás a tu prójimo como a ti mismo".

Ahora bien, Pablo llamó a los gálatas a amarse unos a otros después de confrontarlos duramente con la verdad. Como hemos dicho otras veces, el amor y la verdad no están divorciados. Hablamos la verdad en amor y amamos a través de la verdad. Dejar a los gálatas en su error no hubiese sido un acto de amor, como tampoco lo es dejar al otro en su pecado.

El apóstol Pablo nos enseña algo acerca del amor en Gálatas 5:13-15: "Porque ustedes, hermanos, a libertad fueron llamados; solo que no usen la libertad como pretexto para la carne, sino sírvanse por amor los unos a los otros. Porque toda la ley en una palabra se cumple en el precepto: 'Amarás a tu prójimo como a ti mismo'. Pero si ustedes se muerden y se devoran unos a otros, tengan cuidado, no sea que se consuman unos a otros". En estos dos versículos vemos dos frases claves:

- "[…] sírvanse por amor los unos a los otros" (v. 13).
- "Amarás a tu prójimo como a ti mismo" (v. 14).

Si estas son las frases claves del pasaje, eso implica que amar es vital para el cuerpo de Cristo, por lo que vale la pena preguntarnos:

- ¿Qué se requiere para amar como Dios nos amó?
- ¿Cuál es la verdadera manifestación del amor?

La palabra "ama" o "amarás" no es el verbo infinitivo "amar" ni el nombre "amor", sino un imperativo. Esta forma verbal enfatiza una acción obligatoria más que un sentimiento. No hay nada más apropiado para el cuerpo de Cristo que recordar su obligación de amar.

El enfoque de Pablo en Gálatas 5:13-15 no son los falsos maestros infiltrados en las iglesias de Galacia para destrucción del cuerpo de Cristo, sino cómo los hermanos en Cristo deben amarse unos a otros para no destruirse a sí mismos, como veremos más adelante. El amor al otro debe llevarnos incluso a limitar nuestra libertad, como Pablo explicó a los corintios cuando les dijo que si un hermano cree que es indebido comer carne sacrificada a los ídolos, deberíamos abstenernos de comerla por amor al hermano aunque para nosotros no lo sea.

La libertad y el amor

Observe cómo Pablo conecta el principio de la libertad cristiana con el amor que los creyentes deben mostrar a los demás:

"[…] pero no usen esa libertad para satisfacer los deseos de la naturaleza pecaminosa. Al contrario, usen la libertad para servirse unos a otros por amor. (Gá 5:13b)

Con estas palabras, Pablo nos exhorta a poner límites a nuestra libertad por el amor que profesamos hacia otros. Eso es exactamente lo que afirman los autores del libro *The Cross Before Me*:

"La razón primaria por la que los cristianos necesitan rechazar esta visión individualista de la libertad es porque no es completamente bíblica. En ningún lugar, la Biblia habla de la libertad de una forma individual y radical […]. La libertad bíblica es siempre racional y está relacionada al amor, el amor a Dios y el amor a los otros".[4]

Entonces, por medio del poder del Espíritu, el creyente debe hacer morir todas las obras de la carne. La conclusión o advertencia final de Pablo es la siguiente: "… les advierto, como ya se lo he dicho antes, que los que practican tales cosas no heredarán el reino de Dios" (Gá 5:21b). En otras palabras, vivir practicando las obras de la carne no es un estilo de vida compatible con la salvación de un creyente. Por el contrario, esa forma de vivir habla de una persona que no es

---

4. Rankin Wilbourne y Brian Gregor, *The Cross Before Me* (Colorado Spring: David C. Cook, 2019).

salva. Pero si somos salvos debemos estar conscientes de que Dios nos dio Su Espíritu para empoderarnos y ayudarnos a vivir una vida victoriosa por encima de los deseos de la carne.

1. La batalla puede ser intensa y lo es.
2. La batalla puede ser continua y lo es.
3. La batalla puede ser intimidante y lo es.
4. El enemigo puede ser poderoso y lo es.
5. El enemigo puede estar detrás de nosotros buscando devorarnos y lo está.
6. El enemigo puede ser implacable en sus formas y lo es.

Sin embargo, eso continuará solo hasta un día. Continuará hasta que ruja el León de la tribu de Judá y entonces todo terminará. Mientras tanto, recuerde que mayor es Aquel que está en nosotros que el que está en el mundo (1 Jn 4:4). Dios nos dio Su poder para vencer y no para caminar atemorizados. Nosotros peleamos, pero no como el mundo lo hace. Peleamos de rodillas conociendo que nuestras armas son poderosas en Cristo Jesús para destrucción de fortalezas (2 Co 10:4).

¿Qué se requiere para amar como Dios nos amó?

Juan responde esta pregunta en 1 Juan 4:7-8, donde escribe:

> "Amados, amémonos unos a otros, porque el amor es de Dios, y todo el que ama es nacido de Dios y cono-ce a Dios. El que no ama no conoce a Dios, porque Dios es amor" (1 Jn 4:7-8).

De manera que, hay dos requisitos para amar como Dios ama: *haber nacido de nuevo y conocer a Dios íntimamente.*

Vale la pena aclarar que la persona que nace de nuevo hoy no comienza a amar como Dios ama mañana. En veinticuatro horas nadie cambia, porque Dios no puede ser conocido íntimamente en tan poco tiempo. Para amar a los demás como Dios ama, es imprescindible desarrollar una relación con Dios y llegar a conocerlo tal como Él es. Por esta razón, varios teólogos han mencionado con diferentes palabras que la mayoría de los problemas de las personas se deben a una imagen defectuosa de quien es Dios. Si esa imagen está mal, todo andará mal y si esa imagen está bien, todo andará bien. Esta es una gran verdad. Por eso Juan afirma que para amar hay que nacer de nuevo y conocer a Dios.

Muchas personas tienen marcas de nacimiento en el cuerpo (un lunar, un área hiperpigmentada en la piel) y, a veces, es posible identificar a alguien simplemente porque tiene una marca de nacimiento que otros conocen. Del mismo modo, el cristiano tiene una marca de nacimiento que lo distingue. Es una marca del nuevo nacimiento y es la habilidad de amar como Cristo amó. Nadie puede amar de esa manera sin tener el Espíritu de Dios. Así como hay muchas marcas de ropa que se reconocen por sus logotipos, el cristiano debe ser fácilmente identificado como tal cuando otros ven en él la marca distintiva del amor de Cristo.

En 1 Juan 3:10, leemos de qué manera el amor por el hermano pone al descubierto la verdadera naturaleza de una persona: "En esto se reconocen los hijos de Dios y los hijos del diablo: todo aquel que no practica la justicia, no es de Dios; tampoco aquel que no ama a su hermano". De acuerdo con este versículo, no hay forma de ser hijo de Dios y no amar a nuestro hermano. Al nacer de nuevo, Dios pone Su Espíritu en nosotros y es el Espíritu de Dios en cada persona quien cultiva el amor por el otro.

En su primera carta, el apóstol Juan desarrolla el concepto del amor que deben exhibir los creyentes, pero deja ver que el mandamiento en sí no es nuevo y lo hace al afirmar lo siguiente: "Porque este es el mensaje que ustedes han oído desde el principio: que nos amemos unos a otros" (1 Jn 3:11). El mandamiento de amar a nuestro prójimo como a nosotros mismos ya se había dado en Levítico 19:18. Ahora bien, si este mandato fue dado con relación al prójimo común, el estándar de amar al hermano (en Cristo) es mucho más exigente. El hecho de que el amor determina el estado espiritual del ser humano es una verdad que Juan repite en su primera carta, donde leemos: "Nosotros sabemos que hemos pasado de muerte a vida porque amamos a los hermanos. El que no ama permanece en muerte" (1 Jn 3:14). Estar "en muerte" es sinónimo de no haber nacido de nuevo, algo a lo que Juan ya había aludido al inicio de su carta (1 Jn 4:7b-8).

Cuando se tiene dificultad en amar al otro, hay algo de la imagen de Dios que no se ha visto en su justa dimensión.

Cristo nunca tuvo problemas para amar a los demás porque Él era la imagen misma de Dios, y todo problema deriva de una imagen defectuosa de Dios, como ya mencionamos. Cuanto más conocemos a Dios, mejor podemos amar "porque el amor es de Dios" (1 Jn 4:7). Por tanto, no se puede tener amor si no se conoce a Dios. Del mismo modo, si se conoce a Dios de manera distorsionada, el amor también será distorsionado. Entonces, ¿de qué manera una visión correcta de la imagen de Dios nos ayuda a amar y tener menos problemas con los demás? La respuesta es sencilla:

- Mientras mejor vemos a Dios, peor lucimos nosotros.
- Mientras peor lucimos, más humildes, menos egocéntricos y condenadores somos y, por lo tanto, somos más dados a amar.

En cambio, mientras menos conocemos a Dios, más distorsionada luce Su imagen. Mientras más distorsionada luce la imagen de Dios, mejor lucimos nosotros y peor lucen los demás. Finalmente, mientras peor lucen los demás, menor es la motivación para amarlos.

Dios ama porque Dios es amor, y como Dios es amor, no tiene que haber nada bueno o atractivo en el otro para que Dios lo ame. Ahora bien, el ser humano no es así, sino que ama cuando el otro tiene algo que le atrae. A veces es su apariencia, su trato hacia los demás, su amabilidad, o lo mucho que alguien ha cambiado y ese cambio le resulta atractivo. En fin, nadie está inclinado a amar a las personas a menos que ellas exhiban alguna cualidad que llame la atención, motive o cautive. Hasta entonces, esas personas no despiertan el más mínimo interés en el otro. Pero Dios no es así. Él nos amó...

- cuando éramos Sus enemigos;
- cuando no teníamos interés en Él;
- cuando estábamos muertos en delitos y pecados;
- en medio de nuestra rebeldía;
- en medio de nuestros prejuicios;
- en medio de nuestro orgullo y condenación;
- cuando estábamos destituidos de Su gloria;
- cuando estábamos lejos de Su reino;
- cuando éramos débiles;
- cuando éramos necios y no sabíamos lo que decíamos;
- cuando no le amábamos.

En otras palabras, el amor de Dios nos dejó sin excusas para no amar. Nadie amaría a una persona que luzca de esta manera; es más, ni siquiera con algunas de esas características. Pero eso se debe a que, al tener una imagen defectuosa de Dios, terminamos con una mejor imagen de nosotros al vernos a través de nuestros lentes empañados por el pecado. Y así el resto de los humanos lucen defectuosos ante nuestros ojos. Por eso decimos que todo problema se deriva de una visión defectuosa de la imagen de Dios. Por tanto, mientras más se conoce a Dios, más se ama.

Como bien afirmó Juan: "[...] todo el que ama es nacido de Dios y conoce a Dios. El que no ama no conoce a Dios, porque Dios es amor" (1 Jn 4:7b-8). Conocer a Dios es esencial para amar al hermano. Si tiene un problema amando al hermano es porque tiene un problema en su conocimiento de Dios.

¿Cuál es la verdadera manifestación del amor?

Como mencionamos anteriormente, la segunda pregunta que surge al leer el pasaje de Gálatas 5:13-14 es: ¿cuál es la verdadera manifestación del amor? Para responder, fíjese nuevamente en las palabras de Pablo en la última parte del versículo 13 de Gálatas 5: "sírvanse unos a otros por amor". La verdadera manifestación del amor es el servicio. No son palabras, no son regalos, no es comida, no es emocionalismo; es una entrega incondicional. Recuerde:

- Tanto amó Dios al mundo que entregó a Su Hijo.
- Tanto amó el Hijo que entregó Su vida por nosotros.

El grado de entrega habla de la calidad del amor de unos por otros. Es posible dar sin amar, ya sea por conveniencia, por responsabilidad, por obligación o incluso por sentido de culpa. Pero es imposible amar sin dar. Cristo amó sin límite de tiempo, sin límite de formas, sin límite de número de personas. En otras palabras, Él no solo habló sobre el amor, sino que vino al mundo y amó de hecho y en verdad.

Lamentablemente, a veces no queremos amar al otro y nos justificamos diciendo que esa persona está como está por su pecado y olvidamos que Cristo vino, vivió sacrificialmente y se ofreció en sacrificio por personas que estaban como estaban por causa de su pecado. Pero no solo esto, sino que cuando Cristo vino, lo hizo renunciando a Sus derechos y pasó por esta tierra sin reclamar jamás uno solo de esos derechos, ni al nacer, ni al vivir, ni al morir. Es la carne la que reclama sus derechos y se niega a sacrificarse por los demás.

En su carta, Pablo exhortó a los gálatas a amarse unos a otros porque imaginaba que era muy probable que muchos de ellos se identificaran con las enseñanzas de los falsos maestros y otros, con el mensaje que él predicaba, y hasta tanto se pudiera dilucidar la verdadera doctrina, posiblemente abundarían las divisiones, aun entre los hermanos. Esto causaría problemas y los gálatas tendrían que perdonar si querían imitar a Cristo. Así como Jesús cargó con las consecuencias de nuestro pecado, Dios nos llama a cargar con las consecuencias del pecado del otro.

Note cuán franco fue el apóstol Pablo con los gálatas: "pero si están siempre mordiéndose y devorándose unos a otros, ¡tengan cuidado! Corren peligro de destruirse unos a otros" (Gá 5:15, NTV). En este versículo, Pablo compara el comportamiento de los gálatas con el de los animales salvajes que muerden a su presa, luego le arrancan su carne y la consumen. No tenemos una idea clara de lo que estaba ocurriendo en las iglesias de Galacia, pero donde hay mala enseñanza, falsos maestros e inmadurez cristiana, predominan los conflictos.

Los conflictos son típicos de los seres humanos, pero es el egoísmo en nosotros que crea los conflictos. Nuestro egoísmo nos lleva a ver el conflicto solamente desde nuestra perspectiva. Por lo tanto, solemos considerar las circunstancias según...

- nuestra percepción de la realidad;
- nuestras expectativas;
- nuestras metas y logros;
- nuestros valores y prioridades;
- nuestras creencias acerca de la vida;
- nuestras necesidades en lugar de las de los demás;
- nuestras preferencias.

Como habrá notado, la gracia de Cristo está ausente en cada una de las circunstancias enumeradas más arriba. Pero cuando la imagen de Cristo es formada en nosotros, todo cambia:

- Cuanto más seguros estamos en Cristo, menos conflictos generamos.
- Cuanto más humildes somos, más cedemos nuestra posición.
- Cuanto más amamos, más nos sacrificamos en aras del otro.

En Juan 4:1-3 encontramos otro ejemplo de cómo Cristo cedió su posición en beneficio de otro: "Por tanto, cuando el Señor supo que los fariseos habían oído que Él hacía y bautizaba más ·discípulos que Juan (aunque Jesús mismo no bautizaba, sino Sus discípulos), salió de Judea y se fue otra vez para Galilea" (Jn 4:1-3). Cristo decidió retirarse inmediatamente de aquel lugar y evitar así los comentarios conflictivos acerca de quién bautizaba más discípulos. En los Evangelios podemos ver que Jesús se rehusó en todo momento a reclamar lo que sabía que era suyo. Él no solo se sacrificó en la cruz, sino que se sacrificó durante toda Su vida en aras de los demás.

Paul Miller, en su libro *El amor caminó entre nosotros*, afirma que "el amor no es eficiente".[5] Al menos no como el hombre entiende la eficiencia. El amor nos conduce a nuevos compromisos y esos nuevos compromisos frecuentemente comprometen nuestro tiempo, nuestras agendas, nuestras emociones, y esa forma de vida no es eficiente porque el amor siempre deja de lado lo que está haciendo para atender las necesidades de los demás. En cambio, la persona que no tiene amor no tiene el tiempo ni la disposición de corazón para atender al otro y le place ser así porque puede terminar sus tareas a tiempo, como si llevar a cabo una agenda personal fuera la meta de la vida.

Mientras más amamos, más damos de nosotros y menos demandamos de los demás. Realmente no damos hasta que

---

5. Paul Miller, *El amor caminó entre nosotros: Aprende a amar como Jesús* (Carol Stream, IL: Tyndale House Publishers, 2015), p. 30.

damos exclusivamente con el propósito de beneficiar a otro como Dios lo hizo, "que dio a Su Hijo unigénito, para que todo aquel que cree en Él, no se pierda, sino que tenga vida eterna" (Jn 3:16). Ese es un amor dadivoso; centrado en el otro. Ese es el amor de Cristo y, por tanto, el único amor verdadero.

CAPÍTULO 3

CUANDO EL GOZO DEL ESPÍRITU ES NUESTRA MARCA DISTINTIVA

"Pero el fruto del Espíritu es amor, **gozo**, paz, paciencia, benignidad, bondad, fidelidad, mansedumbre, dominio propio; contra tales cosas no
hay ley". (Gá 5:22-23)

En el capítulo anterior comenzamos a ver las nueve virtudes que caracterizan el fruto del Espíritu según se
enumeran en Gálatas 5:22-23. Como recordará, primero
definimos lo que es el fruto del Espíritu con todas sus implicaciones en la vida diaria, y luego vimos la primera de
las virtudes mencionadas por el apóstol Pablo en el pasaje
recién citado. Nos referimos específicamente al amor. Esta
virtud es esencial para poder desarrollar o experimentar el
gozo, que es lo que estaremos analizando en este capítulo.
Esta virtud es tan cardinal que el mismo Pablo, cuando escribió su primera carta a los corintios, afirmó lo siguiente al
respecto:

"Si yo hablara lenguas humanas y angélicas, pero no
tengo amor, he llegado a ser como metal que resuena
o címbalo que retiñe. Y si tuviera el don de profecía,
y entendiera todos los misterios y todo conocimiento,
y si tuviera toda la fe como para trasladar montañas,
pero no tengo amor, nada soy. Y si diera todos mis
bienes para dar de comer a los pobres, y si entregara

mi cuerpo para ser quemado, pero no tengo amor, de nada me aprovecha". (1 Co 13:1-3)

Dicho de otra manera, como cristianos, todo lo que hacemos en ausencia de amor pierde su valor. No importa lo que hagamos, la falta de amor anula lo que hemos hecho. Ahora bien, alguien pudiera tratar de justificar su falta de amor por los demás diciendo: "No puedo fingir el amor porque no puedo fabricar sentimientos". A lo que Cristo probablemente respondería: "Por eso no te he pedido que sientas el amor, sino que practiques el amor".

Cuando leemos en 1 Corintios 13 que el amor es paciente y bondadoso, entre otras cosas, en el idioma original, esas palabras no son adjetivos ni sustantivos. Más bien, esas palabras son verbos. Por tanto, una traducción más adecuada diría que el amor se comporta pacientemente o se comporta bondadosamente y así ocurre con el resto de las cualidades. Estas acciones de amor pueden practicarse incluso hacia nuestros enemigos; los sentimientos vendrán después de la obediencia. De hecho, los sentimientos rara vez, si es que alguna vez, preceden a la obediencia, al menos en el caso del amor incondicional o ágape.

Cuando se trata del amor, mucho de lo que experimenta el ser humano no es más que amor romántico o idílico. Pero nadie nos ama más y mejor que Dios y, sin embargo, Dios no tiene ningún amor romántico por nosotros. No obstante, ese es el amor que la mayoría anhela experimentar. De ahí que necesitemos hacer un ajuste en la forma en que concebimos el amor de mayor calidad.

El amor romántico nunca debe practicarse en ausencia del amor incondicional porque la práctica del amor romántico antes del amor incondicional frecuentemente termina en la desvalorización y utilización de los demás. Cuando las personas inician una relación de pareja, a menudo se apresuran a decir "te amo" el uno al otro cuando en realidad deberían decirse "te deseo", porque lo que sienten no es amor, sino atracción romántica el uno por el otro o alguna sensación relacionada al "eros". A lo que la novia o el novio debería responder: «Tu deseo tendrá que esperar hasta que tu incondicionalidad aparezca y estemos unidos en matrimonio". Ahora bien, al casarnos, algunas cosas comienzan a cambiar porque el matrimonio agrega responsabilidades de un cónyuge hacia el otro... responsabilidades que van más allá de los sentimientos (1 Co 7:5-6).

Mencionamos todo lo anterior a modo de introducción porque la posibilidad de experimentar el gozo del Espíritu depende de que seamos capaces de amar correctamente a los demás e incluso a Dios mismo. De hecho, es muy difícil experimentar el gozo del Espíritu en ausencia del amor del Espíritu porque ambas virtudes son parte del fruto del Espíritu.

El gozo como evidencia del fruto del Espíritu

El gozo es la segunda virtud del fruto del Espíritu descrito por Pablo en Gálatas 5:22-23. Y aunque el gozo del Espíritu debiera ser la marca distintiva del cristiano, lamentablemente la mayoría de los hijos de Dios no han experimentado o no viven dicho gozo. La pregunta es ¿por qué? Al mismo tiempo, es justo mencionar que gran parte de la comunidad cristiana tampoco ha entendido correctamente qué es y qué no es el gozo del Espíritu, y eso quizás dificulta la experiencia del mismo. Para colmo, la mayoría tampoco conoce las bendiciones o los resultados de vivir el gozo de la vida cristiana. Por eso queremos aprovechar este espacio para hablar del gozo del Espíritu como la marca distintiva del cristiano. La idea es abordar todos estos temas, haciendo uso de la Palabra de Dios para ver de qué manera diferentes textos de la Palabra que hablan del gozo del Espíritu nos pueden ayudar a entender mejor qué es y qué no es el gozo del Espíritu. Para esto, comencemos por definir qué es el gozo del Espíritu.

Algunos establecen la diferencia entre lo que es gozo y alegría y así hablan de que la alegría es pasajera, pero el gozo es permanente. Por otro lado, hablan de que la alegría depende mucho de nuestras circunstancias y que el gozo es algo que el Espíritu produce en nosotros. La lista de posibles diferencias es mucho más larga que la que acabamos de mencionar, pero no vamos a continuar porque, desde el punto de vista de las Escrituras, realmente no existe tal diferencia entre alegría y gozo. En el hebreo podemos ver cómo estas dos palabras se usan de manera intercambiable. Por ejemplo, en Proverbios leemos lo siguiente:

"Con el bien de los justos, se regocija la ciudad, y cuando perecen los impíos, hay gritos de alegría". (Pr 11:10)

En la primera mitad del versículo se habla del regocijo como un derivado del gozo y en la segunda mitad se habla de alegría para expresar, en esencia, la misma idea. El Diccionario de la Real Academia Española (RAE) define el gozo como: "alegría del ánimo". Por su parte, el reconocido diccionario de la lengua inglesa, Merriam-Webster, define el gozo como: "un sentimiento de gran alegría". Pero ambas definiciones son muy superficiales en comparación con la forma en que la Biblia habla del gozo.

Tanto en el Antiguo Testamento como en el Nuevo Testamento, el gozo está relacionado con la salvación de Dios.[1] Y está relacionado con la salvación de Dios porque el gozo es un sentimiento ligado a nuestra relación con Él. Aprovechando esta observación proporcionada por el *Evangelical Dictionary of Theology,* al cual acabamos de referirnos, prefiero definir el gozo del Espíritu de esta manera:

"El gozo del Espíritu es un sentimiento de satisfacción y plenitud en cualquier circunstancia que nos encontremos y que es experimentada como resultado de un sentido profundo de la presencia de Dios en nuestras vidas, la cual nos recuerda que no importa

---

1. C. Davis, bajo "Joy", en *Evangelical Dictionary of Theology,* editado por Walter A. Elwell (Grand Rapids: Baker Book House, 1984), p. 588.

la experiencia que atravesemos, Él la conoce, la controla y la usará para formar en nosotros el carácter de Cristo, para llevarnos a vivir más cerca de Él, en dependencia de Él y finalmente para gloria de Él".

Así que cuando hablamos del gozo del Espíritu debemos estar de acuerdo en que:

1. El sentimiento es de satisfacción.
2. El origen es Dios.
3. La razón del sentimiento es la presencia de Dios.
4. La posibilidad de experimentarlo está relacionada al entendimiento de que aun los desiertos tienen un propósito y que el maná diario, aunque sea repetitivo, es un manjar si lo comemos con un apetito divino.

Esta definición del gozo del Espíritu nos permite entender que es posible experimentar el gozo del Espíritu y al mismo tiempo pasar por experiencias de tristeza.

Decíamos al principio que la mayoría de las personas no entienden lo que es el gozo del Espíritu porque muchas veces han llegado a creer que, si experimentan tristeza por un momento, por un día o por cualquier período de tiempo, eso inmediatamente excluye lo que la Palabra llama el gozo del Espíritu. Sin embargo, si hubo alguien que experimentó el gozo del Espíritu continuamente fue nuestro Señor Jesucristo, la segunda Persona de la Trinidad, y aun así:

- lloró ante la tumba de Lázaro (Jn 11:32-36);
- lloró al ver a Jerusalén días antes de Su crucifixión, sabiendo las consecuencias que vendrían sobre sus habitantes (Lc 19:41-42);
- ofreció oraciones y súplicas con gran clamor y lágrimas durante los días de Su carne (He 5:7);
- expresó que Su alma estaba angustiada hasta la muerte mientras oraba en el huerto de Getsemaní (Mt 26:38).

Ninguna de estas experiencias de tristeza en la vida de Jesús le quitó el gozo del Espíritu que fue constante en Su vida. Jesús incluso se airó el día que limpió el templo de Jerusalén al ver a los mercaderes negociando dentro de la casa de Su Padre, y esa experiencia de ira santa tampoco le robó el gozo del Espíritu. De manera que, el gozo del Espíritu no implica ausencia de tristeza.[2]

En medio de la tristeza, podemos tener un sentido profundo de la presencia de Dios acompañado de una garantía de que Dios está obrando para Su gloria, pero además para nuestro bien, y en medio de esa combinación de emociones experimentar satisfacción.

En sus cartas, el apóstol Pablo menciona varias ocasiones en las que supo derramar lágrimas y específicamente en 2 Timoteo 4:11 expresó cuán solo se sentía al tener solamente a Lucas con él. En ese mismo capítulo, Pablo expresó lo siguiente:

---

2. Aaron Menikoff, *Character Matters* (Chicago: Moody Publishers, 2020), p. 42.

"En mi primera defensa nadie estuvo a mi lado, sino que todos me abandonaron; que no se les tenga en cuenta. Pero el Señor estuvo conmigo y me fortaleció, a fin de que por mí se cumpliera cabalmente la proclamación del mensaje y que todos los gentiles oyeran". (2 Ti 4:16-17)

Aquí el apóstol Pablo testifica que en medio de su soledad, el Señor estuvo con él y le fortaleció. Es este sentido profundo de la presencia de Dios y los propósitos de Dios lo que llamamos el gozo del Señor. Los episodios de depresión del gran predicador y teólogo Charles Spurgeon son históricamente conocidos. En una ocasión, alguien en su iglesia gritó "¡fuego!" y el caos que se produjo provocó varias muertes y muchas lesiones físicas. Como resultado de esto, Spurgeon experimentó una enorme tristeza, y un domingo posterior a esta tragedia le dijo a su congregación: "Casi me arrepiento esta mañana de haberme aventurado a ocupar este púlpito, porque me siento completamente incapaz de predicarles para su beneficio". Pero como Spurgeon era un hombre maduro, oró antes de su mensaje y dijo: "Oh Espíritu de Dios, magnifica tu fortaleza en la debilidad de tu siervo y empodéralo para honrar a su Señor, aun cuando su alma está profundamente triste dentro de él".[3] Esta oración es evidencia de que Charles Spurgeon entendió completamente las siguientes palabras en la carta de Santiago:

---

3. *Ibíd.*, p. 45.

"Tengan por sumo gozo, hermanos míos, cuando se hallen en diversas pruebas, sabiendo que la prueba de su fe produce paciencia, y que la paciencia tenga su perfecto resultado, para que sean perfectos y completos, sin que nada les falte". (Stg 1:2-4)

Santiago no nos dice que las pruebas son un gozo, si no que las tengamos por sumo gozo. ¿La razón? Ellas obran los propósitos de Dios. El gozo del Espíritu es un regalo de Dios producido por Su Espíritu cuando cultivamos una estrecha relación con Él que nos lleva a estar satisfechos en toda circunstancia, conociendo que estamos donde estamos por designio de Dios para los propósitos de Dios y para la gloria de Dios.

¿Debería todo cristiano experimentar gozo?

El Nuevo Testamento no nos presenta el gozo como una opción o sugerencia, sino como una experiencia que todos debiéramos disfrutar porque dicho gozo no es algo que ganamos, sino algo que el Espíritu de Dios quiere regalar a todos los hijos de Dios. Note cómo Pablo lo expresa en Filipenses 4: "Regocíjense en el Señor siempre. Otra vez lo diré: ¡Regocíjense!" (Fil 4:4). En este versículo hay un verbo clave en imperativo: "Regocíjense"; un adverbio clave: "siempre"; y una frase clave: "en el Señor"; porque fuera de Él es imposible regocijarse en todas las circunstancias.

Si Dios controla las circunstancias de nuestras vidas, entonces es posible regocijarse en el controlador de nuestro pasado, presente y futuro. La posibilidad de experimentar gozo en toda circunstancia es algo que el apóstol Pablo trató de enseñar a todas las iglesias plantadas o visitadas durante sus viajes misioneros. Veamos esto escrito a los tesalonicenses:

"Y ustedes llegaron a ser imitadores de nosotros y del Señor, habiendo recibido la palabra, en medio de mucha tribulación, con el gozo del Espíritu Santo...". (1 Ts 1:6)

Los tesalonicenses llegaron a imitar a Pablo al experimentar el gozo hasta el punto de experimentarlo en medio de mucha tribulación. El texto citado dice que recibieron la Palabra en medio de mucha tribulación, pero la recibieron con el gozo del Espíritu Santo y en ese sentido llegaron a imitar al apóstol Pablo.

Antes de concluir su carta a los tesalonicenses, Pablo les dice: "Estén siempre gozosos" (1 Ts 5:16). "Estén" es un imperativo, no una sugerencia. Esta es una forma de decirles que permanezcan gozosos. En otras palabras, no los exhorta a buscar el gozo, sino a permanecer en él. El gozo no es algo que se busca, porque no es algo que se encuentra. Buscamos la presencia de Dios y ahí se experimenta el gozo de Su presencia, no el gozo de las circunstancias.

La mayoría de nosotros probablemente estaría de acuerdo en que el gozo del Espíritu es algo que Dios otorga. Sin

POR EL PODER DEL ESPÍRITU

embargo, continuamente cometemos el error de buscar lo que Dios da en lugar de buscar al dador de lo que deseamos. En pocas palabras, queremos la dádiva sin el dador. Es como anhelar disfrutar de la luz del sol sin el sol. Queremos la luz del sol sin que su calor nos moleste y sin que su radiación nos queme. De esa misma manera,

- queremos el gozo del Espíritu sin la convicción del Espíritu;
- queremos el gozo del Espíritu sin que el Espíritu restrinja nuestros deseos pecaminosos;
- queremos el gozo del Espíritu cuando adoramos con los hermanos en la iglesia y la "contentura" de la carne cuando disfrutamos con el mundo el resto de la semana.

Si queremos la luz del sol, necesitamos aceptar todo lo que su luz puede hacer, y así ocurre con el Espíritu.

Observaciones para la vida diaria

Si hoy se da cuenta que el gozo en su vida cristiana se ha apagado y decide salir a buscarlo por sí mismo, con toda probabilidad lo buscará por caminos ilegítimos. En esos caminos ilegítimos podrá experimentar el placer de la carne que prontamente traerá las consecuencias de la carne y, de repente, no tendrá ni placer ni gozo. Cuando nos alejamos del trono de Dios nos encontramos escarbando en los basureros del mundo en busca de alguna actividad en la que gozarnos, pero el gozo del Espíritu solo se experimenta en el Señor.

Cuando experimentamos placer, en el cerebro se produce una elevación de hormonas y neuroquímicos que llamamos hormonas del placer conocidas como dopamina, serotonina, oxitocina, adrenalina, entre otras. Tan pronto como esos niveles comienzan a descender, la experiencia y la intensidad del placer también se desvanecen. En cambio, cuando experimentamos el gozo del Espíritu, lo que ha incrementado no es una hormona, sino nuestra cercanía a Dios, y en la cercanía a Dios comenzamos a recuperar todo lo que Adán perdió. Ganamos seguridad, identidad, certeza, propósito, significado, paz, entendimiento, dirección, esperanza y gozo permanente. Ese conjunto de condiciones hace posible nuestra experiencia de gozo.

Si estamos preocupados o envueltos en los placeres de este mundo o en nuestros deseos egoístas, es imposible experimentar el gozo del Espíritu porque son precisamente esas cosas las que nos alejan de Dios, y alejados de Él no podemos experimentar Su gozo. El gozo del Espíritu no es tan común entre los hijos de Dios porque la mayoría no se ocupa en cultivar una relación íntima con Dios, sino que a menudo dedica más tiempo a cultivar una relación íntima con la iglesia local, con el grupo de estudio bíblico al que pertenece o con las distintas actividades que la iglesia realiza. Pero resulta que, ninguna de esas actividades puede darnos el gozo que solamente viene de Dios. Recuerde que la Palabra no lo llama el gozo de la iglesia, ni el gozo del estudio bíblico, ni el gozo de los hermanos, ni el gozo de las actividades cristianas, sino el gozo del Espíritu que proviene de la llenura del Espíritu.

> **Cuanto más meditamos sobre la vida cristiana, más descubrimos que nuestro gozo es directamente proporcional a la distancia que vivimos de la presencia de Dios.**

A mayor cercanía de Dios, mayor gozo. Asimismo, el gozo es inversamente proporcional a cuánto vivimos en la carne o en el Espíritu. A mayor vida en la carne, menor es nuestro gozo. A menor vida en la carne, mayor es nuestro gozo. Cuando vivimos en la carne, cualquier privación de la carne nos vuelve airados o rebeldes. Pero cuando andamos en el Espíritu podemos regocijarnos en el Señor y experimentar el gozo de Su Espíritu sin importar las circunstancias que nos rodean. Esto explica por qué el gozo del Espíritu no es tan común en los hijos de Dios y por qué necesitamos aprender a cultivarlo.

Pero ¿cómo se cultiva el gozo del Espíritu? Hacemos la pregunta porque todo fruto de la tierra crece como resultado de condiciones como la fertilidad del suelo, la luz solar, el agua presente en la tierra, el clima del ambiente y cualquier otro factor más allá de nuestro conocimiento sobre el cultivo de la tierra. Y lo mismo sucede con nosotros y el fruto del Espíritu que resulta de ciertas condiciones que deben estar presentes en nuestras vidas.

Estas condiciones son:

1. **La morada del Espíritu Santo.** El Espíritu de Dios regenera el espíritu del inconverso e inmediatamente permanece con él haciendo morada permanente. Esta es la experiencia del nuevo nacimiento (Jn 3:1-14). El inconverso es incapaz de experimentar el gozo del Espíritu porque el Espíritu Santo no está presente en su vida.

2. **Una vida de obediencia.** La obediencia es indispensable para la experiencia del gozo espiritual. El Espíritu Santo no producirá gozo en un cristiano en desobediencia porque eso sería una contradicción. De hecho, en Juan 15:10-11, leemos lo siguiente: "*Si guardan Mis mandamientos,* permanecerán en Mi amor, así como Yo he guardado los mandamientos de Mi Padre y permanezco en Su amor. Estas cosas les he hablado, *para que Mi gozo esté en ustedes, y su gozo sea perfecto*" (Jn 15:10-11, énfasis añadido).

    En el aposento alto, Jesús habló a Sus discípulos de la necesidad de obedecer para que Su gozo estuviera presente en ellos y Su gozo fuera perfecto o completo. Un discípulo en desobediencia jamás podrá experimentar el gozo del Espíritu; más bien el Espíritu lo llevará a experimentar la tristeza para arrepentimiento de que habla el apóstol Pablo en 2 Corintios 7.

3. **Una disposición de gratitud.** La ingratitud no reconoce las dádivas de Dios y eso nos llena de amargura. La amargura es uno de los principales ladrones del gozo. La amargura que experimentamos es el resultado de que algo no salió como queríamos. Pero si entendemos que Dios orquesta pasiva o activamente todo cuanto ha de acontecer, entonces nuestra amargura transmite la idea de que de alguna manera, Dios no estuvo en control de las circunstancias que produjeron mi amargura; es como si Dios se hubiese equivocado en esta ocasión.

Desde la cárcel, el apóstol Pablo escribe la carta a los Filipenses, conocida como la carta del gozo, y comienza dando gracias a Dios por esos hermanos y diciéndoles que pedía siempre con gozo por ellos en cada una de sus oraciones, estando detrás de barrotes. La actitud de gratitud de Pablo era lo que le permitía orar con gozo por los filipenses. Es imposible orar con gozo en medio de la ingratitud.

4. **Una mente espiritual.** La mente carnal solo puede deleitarse en lo que la carne disfruta, nunca en lo que el Espíritu disfruta, y las cosas que la carne disfruta son temporales; están aquí hoy y mañana se

esfuman. Note cómo Pablo explica esto en su carta a los Romanos: "Porque los que viven conforme a la carne, ponen la mente en las cosas de la carne, pero los que viven conforme al Espíritu, en las cosas del Espíritu". (Ro 8:5)

El gozo del que estamos hablando proviene del Espíritu, y para disfrutar las cosas del Espíritu necesitamos tener una mente puesta en las cosas del Espíritu de Dios (Col 3:2). Por eso hay tanta falta de gozo entre los hijos de Dios, porque con frecuencia la mente está puesta en este mundo. Pero a las cosas de este mundo que a menudo nos roban el gozo, Pablo las llamó aflicciones leves y pasajeras porque tenía la vista puesta en la eternidad futura (2 Co 4:17-18). Sin embargo, a nosotros nos parecen aflicciones monumentales y duraderas porque tendemos a poner nuestra mirada en las cosas de este mundo.

En la carta a los Filipenses, la palabra "gozo" o "regocijo" en sus diferentes formas aparece unas dieciséis veces en cuatro capítulos y la palabra "mente" o "actitud" aparece unas once veces. De manera que, en esta carta poco a poco vamos descubriendo que la forma de pensar es el origen de la falta de gozo en nosotros. Por otro lado, en su carta a los Romanos, Pablo escribe: "Y no se adapten a este mundo, sino transfórmense mediante la renovación de su mente…" (Ro 12:2a). Esta no es una simple sugerencia. La falta de transformación de la mente es la causa número uno de la ausencia de gozo en los hijos de Dios. Cuando nuestra forma de pensar es similar a la del resto de mundo inconverso, nuestro gozo solo puede estar en las cosas de ese mundo temporal.

Nuestra actitud determina cómo reaccionaremos cuando sucedan ciertas cosas

La actitud con la que vivimos y la mente con la que interpretamos el mundo que nos rodea son los determinantes de nuestro gozo. Si quiere saber cuál fue la actitud mental del apóstol Pablo que determinó la forma triunfal en que vivió, incluso en medio de las peores circunstancias, aquí está la clave o el secreto resumido en un par de versículos:

"Conforme a mi anhelo y esperanza de que en nada seré avergonzado, sino que con toda confianza, aun ahora, como siempre, Cristo será exaltado en mi cuerpo, ya sea por vida o por muerte. Pues para mí, el vivir es Cristo y el morir es ganancia". (Fil 1:20-21)

El cristiano tiene las mayores razones que cualquier otro para vivir en el gozo del Espíritu. Las circunstancias pueden ser las peores: una pandemia que ha cobrado la vida de más de un millón de personas, un país difícil donde vivir, un ambiente laboral estresante, escasez económica, entre otras cosas; pero no se trata del gozo de vivir sin pandemia, del gozo de vivir en otro país, del gozo de vivir con otro trabajo o del gozo de vivir con dinero. Estamos hablando del gozo de vivir en el Espíritu, un gozo que no desaparece incluso en medio de circunstancias tan difíciles como las que hemos mencionado. Una vez más, considere lo siguiente:

- Dios nos hizo un llamado,
- nos dio Su Espíritu,
- nos dio vida eterna,
- nos dio Su Palabra,
- nos abrió los ojos,
- nos dio la seguridad eterna de la salvación,
- nos dio garantías,
- nos regala Su presencia,
- nos da sabiduría,
- nos da discernimiento,
- nos da propósito,
- nos da certeza,
- nos coloca en medio de una comunidad que Él llama Su Iglesia,
- nos provee diariamente,
- nos sostiene en la adversidad,
- y se acerca a nosotros en el dolor.

Y aún así nos quejamos. La razón es que todavía no podemos decir como Pablo: "Para mí el vivir es Cristo". Cuando podamos decirlo genuinamente, las quejas y las insatisfacciones terminarán.

En días pasados, mientras hablaba con alguien, le expresé mi queja sobre algo y esa persona me dijo: "Te voy a dar una dosis de tu propia medicina". Luego me leyó algo que había escrito días antes que era contrario a la queja que expresaba. Eso es exactamente lo que necesitamos cuando nos sentimos tentados a quejarnos. Necesitamos que alguien nos recuerde la verdad de Dios que hemos creído y proclamado. Cuando nos quejamos de nuestras circunstancias, el Señor pudiera decirnos:

"Hijo, ¿cuál es tu problema? Después de proveerte todo lo que te he provisto, ¿sigues insatisfecho? ¿No soy suficiente para ti? ¿No te he amado? ¿Es que la vida que compré a precio de sangre no te agrada? ¿Cómo me acusas de haberte regalado una vida eterna difícil de llevar? ¡Me haces parecer como un ogro ante los incrédulos!".

"Regocíjense en el Señor siempre. Otra vez lo diré: ¡Regocíjense!" (Fil 4:4), nos diría Pablo. Regocijémonos para que el mundo sepa que hay un lugar donde podemos encontrar plenitud y satisfacción, eso que la Palabra llama el gozo del Espíritu, y ese lugar es la presencia de Dios. Adán y Eva disfrutaron de ese gozo y lo perdieron cuando un día decidieron traspasar los límites que Dios había establecido precisamente para garantizar que pudieran tener plenitud de gozo en Su presencia. Desde entonces, todos sus descendientes también nos hemos equivocado al pensar que fuera de lo que Dios ha provisto podemos tener plenitud y verdadera satisfacción.

Dios es nuestra fuente de gozo, propósito, significado y seguridad. Solo en Él las cosas subsisten y el gozo permanece. Solo en Él podemos amar incondicionalmente y solo en Él podemos disfrutar de la plenitud de vida que Cristo compró para nosotros en la cruz. El gozo del Espíritu debe ser la marca distintiva del cristiano para que el mundo sepa que solo en la presencia de Dios hay plenitud de gozo y deleites a Su diestra para siempre (Sal 16:11).

CAPÍTULO 4

CUANDO NUESTRA PAZ NO TIENE EXPLICACIÓN HUMANA

"Pero el fruto del Espíritu es amor, gozo, **paz**, paciencia, benignidad, bondad, fidelidad, mansedumbre, dominio propio; contra tales cosas no
hay ley". (Gá 5:22-23)

Como habrá notado, la paz es la tercera virtud del fruto del Espíritu que Pablo describe en Gálatas 5:22-23
inmediatamente después de enumerar las obras de la carne.
La paz es parte del fruto del Espíritu en contraposición a la
ansiedad, el desasosiego, los pleitos y las rivalidades mencionadas en Gálatas 5:19 como parte de las obras de la carne.

Cuando leemos los periódicos y las redes sociales nos
queda claro que si hay algo que le falta a esta generación es
la experiencia de la paz tanto interna como externamente.
Después de la caída, la paz que el hombre disfrutaba en su
relación con Dios se quebrantó, y con la pérdida de esa paz,
el ser humano perdió la posibilidad de disfrutar de paz interior consigo mismo y paz exterior con los demás. En otras
palabras, la paz con Dios determina la paz que podemos
disfrutar en cualquier otra relación.

Después de la caída de Adán y Eva, el hombre quedó en
un estado de enemistad con Dios y, según Romanos 5:1, esa
paz solo puede ser restaurada por medio de Cristo Jesús, por
quien tenemos paz con Dios. Ahora bien, aun los cristianos

que ya han restablecido su paz con Dios con frecuencia no viven en paz, y la razón es que la paz como fruto del Espíritu es el resultado de una relación íntima con Dios que trae como consecuencia un estado de quietud interior, incluso en circunstancias donde todo lo que nos rodea parece estar en convulsión como lo está el mundo de hoy.

La calidad de nuestra relación con Dios determina el grado de paz con que vivimos

La idea de vivir en paz es central en toda la historia bíblica. En el Antiguo Testamento, la palabra hebrea para paz es un término un tanto complejo que conocemos como "Shalom" que implica "un estado general de bienestar, libertad de temor y deseos y un estado de contentamiento en relación con Dios, con otros y con la creación".[1] Este es también un concepto central en el Nuevo Testamento. Shalom o paz es más que simplemente la presencia de paz; es un concepto sumamente amplio que abarca seguridad, bienestar, felicidad, salud, prosperidad, ausencia de conflictos, el estar completo, harmonía y satisfacción.

El disfrute de "Shalom" dependía de Dios. De hecho, todas las cartas de Pablo comienzan con las palabras gracia y paz. No sabemos si el orden en que aparecen estas palabras es intencional, pero lo cierto es que primero necesitamos

---

1. Christopher J. H. Wright, *Cultivating the Fruit of the Spirit* (Downers Grove: IVP Books, 2017), p. 55.

experimentar la gracia de Dios para luego poder disfrutar de la paz del Espíritu. Esa paz solo puede ser disfrutada por el cristiano porque es un estado de tranquilidad interior producido por el Espíritu de Dios que mora en los hijos de Dios.

En el aposento alto, horas antes de Su crucifixión, Cristo habló a Sus discípulos de esta paz sobrenatural. Durante varias horas, Jesús compartió con ellos acerca de diversos temas espirituales, y como era de esperar, uno de los temas tratados fue Su partida inminente. Otro tema importante fue el anuncio de la venida del Espíritu Santo y el ministerio que la tercera Persona de la Trinidad desempeñaría después de Su partida. Esto es particularmente interesante porque en Juan 14:26 leemos acerca del Espíritu Santo que el Padre enviaría, y justo después, en Juan 14:27, se registran las siguientes palabras de Cristo:

"La paz les dejo, Mi paz les doy; no se la doy a ustedes como el mundo la da. No se turbe su corazón ni tenga miedo". (Jn 14:27)

Jesús les habló del Espíritu Santo que vendría e inmediatamente después les habló de Su paz porque esas dos cosas están relacionadas. Evidentemente, la noticia de Su partida y las condiciones en las que se produciría debieron causar mucha inquietud en el corazón de los discípulos. Por eso Jesús les habló de esa paz sobrenatural que Él podía dar y que es parte del fruto del Espíritu que vendría a morar en ellos después de Su partida.

En Su declaración, Jesús reveló claramente dos tipos de paz: la paz que el mundo concede y la paz que depende de una relación con Él. Esa noche, en el aposento alto, los discípulos experimentaron mucha ansiedad, confusión y consternación, especialmente después de escuchar el anuncio de la pronta partida de Jesús. La realidad es que todavía no habían aceptado la idea de Su partida y mucho menos de Su crucifixión. El caso es que si no aceptaban la idea de la crucifixión, no aceptaban los propósitos de Dios, y sin la aceptación de los propósitos de Dios, la paz no es posible. Y la razón es muy simple: hay una relación directa entre el grado de paz que se experimenta y el grado de sumisión a los propósitos de Dios.

Dios tiene propósitos para nosotros que muchas veces no queremos, y cuando eso sucede, la paz que habíamos disfrutado se desvanece. Los discípulos definitivamente no estaban preparados para una partida inminente y una crucifixión inmediata. Por lo tanto, su mente no estaba en condiciones de someterse a los propósitos de Dios en ese momento. Por eso Cristo, al sentir la ansiedad de ellos, trata de consolarlos y les dice: "No se turbe su corazón ni tenga miedo" (Jn 14:27b). Esa noche, Jesús les anuncia una paz que ellos podrían disfrutar en medio de Su ausencia porque no es una paz que vendría de ellos, sino de Dios. Es una paz que está relacionada directamente con la Persona que vendría a sustituirlo, la tercera Persona de la Trinidad, y que vendría a morar en ellos. De hecho, la relación que tenemos con el Espíritu Santo y Su llenura es un segundo determinante del grado de paz con que vivimos. Primero necesitamos depender del Espíritu y luego llenarnos del Espíritu para poder disfrutar de la paz del Espíritu.

"La mente puesta en la carne es muerte", dice Pablo en Romanos 8:6, "pero la mente puesta en el Espíritu es vida y paz". ¿Qué es lo que hace que la mente puesta en la carne no pueda disfrutar de paz? Es que la mente puesta en la carne no tiene paz porque con frecuencia:

1. desea, pero no puede tener;
2. planifica, calcula, manipula, pero no puede hacer que ocurra;
3. imagina cosas, pero luego no puede hacerlas realidad; y
4. especula cosas que no corresponden a la verdad.

En fin, la mente puesta en la carne está centrada en el "yo" y el "yo" nunca se satisface. Por eso no tiene paz. En cambio, la mente puesta en el Espíritu, que es vida y paz, es:

1. una mente enfocada en lo que Dios quiere;
2. una mente que quiere lo que Dios quiere;
3. una mente satisfecha con lo que Dios dispone.

Hasta entonces, Jesús había morado con Sus discípulos, pero ahora el Espíritu de Dios vendría a morar en ellos y serían ministrados desde adentro, produciendo en ellos nuevos resultados.

La enseñanza central detrás de las palabras de Cristo en Juan 14:27 es la diferencia entre la paz de Dios y la paz del mundo. La paz que Cristo nos ha dejado es una paz que el mundo no entiende porque trasciende el entendimiento. El apóstol Pablo se refirió a esa paz en Filipenses 4:7 como la paz que trasciende el entendimiento, y esa paz era precisamente la que los discípulos necesitaban conocer.

La paz de Dios trasciende el entendimiento humano porque es:

- una paz que no depende de nosotros, sino de Dios.
- una paz que no depende de nuestras circunstancias, sino de Su garantía.
- una paz que no depende de nuestras habilidades, sino de Su poder.
- una paz que no depende de una emoción, sino de una relación.
- una paz que no depende de nuestro éxito, sino de Sus propósitos.

En pocas palabras, es una paz que no tiene explicación humana, como sugiere el título de este capítulo.

La paz del mundo versus la paz de Dios

Cuando Jesús dice "la paz les dejo, Mi paz les doy", y luego agrega, "no se la doy a ustedes como el mundo la da", Él está afirmando, como ya mencionamos, que hay un tipo de paz que el mundo puede darnos y una paz que solo Él da. Debemos tener cuidado de no confundirlas. La paz que se encuentra en el mundo es una paz que muchas veces se busca a través del escapismo; evitando la confrontación; evitando estar con ciertas personas; evitando los problemas, ya sea no afrontándolos, negando su existencia o utilizando el placer para encubrir los problemas. A esta paz la llamaremos la paz de la evasión; la paz del placer, la paz del momento. Esa paz es irreal. Más bien, es una forma de escapismo y una negación de la realidad. En definitiva, es una paz ingenua. La paz que el mundo nos puede ofrecer es una paz temporal que perdura mientras perdure nuestra buena posición económica; que perdura mientras nuestra salud sea buena; que perdura mientras las cosas salgan a nuestra manera; que perdura hasta que el médico nos dice que tenemos cáncer; que permanece hasta que nos despiden del trabajo; que permanece hasta que alguien descubre que estamos en pecado. Llamaremos a este tipo de paz, paz temporal. La paz del mundo es una paz irreal; es una paz ignorante porque ignora las circunstancias; y es una paz pasajera.

La paz del mundo es una paz que se ofrece por un precio: el precio de un seguro de salud; el precio de un seguro de vida; el precio de un plan de retiro. El problema es que la paz que brinda el seguro de salud es disfrutada hasta que llega el diagnóstico. La paz del plan de retiro está con nosotros hasta que llega el momento de jubilarnos porque la vejez nos impide continuar. Y la paz del seguro de vida dura hasta que llega el momento de prepararnos para la muerte. Pero la paz de Dios no se puede comprar porque nunca podríamos pagar su precio. La paz de Dios costó la sangre preciosa del Hijo y es gracias a Él que hoy tenemos paz con Dios (Ro 5:1).

Finalmente, hay otra paz pasajera que llamaremos la paz de nuestra autodependencia. Esa es la paz que resulta de hacer lo que nuestra carne desea, independientemente de si lo que hacemos está de acuerdo con la Palabra de Dios o no. Por ejemplo, a veces queremos algo y Dios dice que no, y como Dios dijo que no, no estamos en paz. Pero luego procedemos a hacer lo que nuestra carne siempre quiso hacer y ahora nos sentimos en paz porque finalmente cumplimos nuestra voluntad. A esta paz la llamamos la paz de la carne.

La paz de la carne dura hasta que Dios comienza a imponernos consecuencias por nuestra desobediencia. Y cuando Dios comienza a hacer eso, no solo se nos va la paz, sino que también comenzamos a airarnos con Dios porque no comprendemos por qué nos pasa esto cuando hicimos lo que considerábamos era Su voluntad y estábamos en paz. Pero desde el cielo, Dios responde: "¡No! Tú no hiciste mi voluntad, sino que hiciste la voluntad de la carne y tu paz no era una paz verdadera; era más bien complacencia. Te sentiste complacido porque obtuviste lo que querías; pero tu complacencia no es mi paz. Esa es la paz de la carne".

En Juan 14:27, Cristo no está hablando de esa paz. No está hablando de la paz del placer, ni de la paz ingenua, ni de la paz temporal, y mucho menos de la paz de la carne, sino que está ofreciendo Su paz. La paz de Cristo implica tranquilidad de la mente; una paz interior en medio de tormentas y tribulaciones. Es una paz con garantías eternas. Al contrario de lo que nos ofrece el mundo, la paz de Cristo no tiene nada que ver con sentimientos o emocionalismo. No consiste en una actitud que tomamos ante la vida; no es positivismo, ni optimismo; no es escapismo; no es placer para adormecer el dolor; no es una negación de la realidad; no es la complacencia de la carne. ¡No, de ningún modo!

Es un estado en el que la mente del individuo está tranquila y el espíritu está en reposo porque conoce que su vida no está fuera de control y entiende que sus dificultades no son circunstanciales, sino providenciales. Lamentablemente, la mayoría de los que han conocido a Cristo no conocen esa paz. Su mente no está quieta, su espíritu no es apacible y sus vidas se caracterizan más por un estado de ansiedad que por un estado de quietud.

Requisitos para disfrutar de paz interior

Como mencionamos anteriormente, necesitamos tener paz con Dios, paz con nosotros mismos (paz interior) y la paz con los demás (paz exterior). Nuestra paz con Dios fue establecida por Dios mismo al reconciliarnos con Él por medio de Jesucristo, según vimos en Romanos 5:1, y como podemos ver en múltiples pasajes de la Escritura. La paz interior es el fruto de nuestra relación con Dios y para experimentar esa paz existen ciertos requisitos que queremos enumerar a continuación antes de que podamos hablar de la paz con los demás.

1) Para disfrutar de la paz interior necesitamos confiar en el carácter de Dios, en los propósitos de Dios y en las promesas de Dios.

"Tú guardarás en completa paz a aquel cuyo pensamiento en ti persevera, porque en ti ha confiado". (Is 26:3, RVA-2015)

Note la relación que existe entre gozar de completa paz y confiar en Dios: "Tú guardarás en completa paz a aquel cuyo pensamiento en ti persevera", ¿por qué?, "porque en ti ha confiado". Sin esa confianza, no hay paz. Por tanto, nuestro grado de fe aumenta nuestra paz. Por el contrario, nuestra incredulidad aumenta nuestra desconfianza y la desconfianza aumenta nuestra ansiedad.

Nuestra confianza o fe en Dios es la tierra donde crece nuestra paz interior. La incredulidad crea un torbellino en nuestra mente y eventualmente en nuestra vida. Pedro caminó sobre las aguas en relativa paz mientras confió en Cristo. Una vez dudó, perdió su paz y gritó: "¡Señor, sálvame!" (Mt 14:30).

2) Para disfrutar de la paz interior necesitamos entregar cada aspecto de nuestra vida a Dios.

La Palabra de Dios afirma que "los ojos del Señor recorren toda la tierra para fortalecer a aquellos cuyo corazón es completamente Suyo" (2 Cr 16:9). Esto implica que cuando nuestro compromiso con Dios es a medias, lo más probable es que no podamos experimentar Su paz porque nuestro corazón está dividido, y un corazón dividido no puede estar en paz. Un corazón dividido tiene diversos amores y distintas pasiones que luchan entre sí y no le permiten rendirse por completo al Señor. Y un compromiso a medias con la causa de Cristo produce una paz a medias, si acaso lo logra.

La paz que Dios Padre da le costó mucho, le costó Su único Hijo, como para concederla a alguien que solo quiere comprometerse a medias con Su causa. En la noche de la última cena los discípulos no estaban en paz porque no estaban completamente identificados con Su causa. Y lo que sucedió en las próximas horas demostró que esto era cierto cuando abandonaron Su causa una vez que Jesús fue apresado. Lamentablemente, muchos de los hijos de Dios no se han comprometido completamente con Su causa y están viviendo como si fuera la noche del jueves de la semana en que Cristo murió. Esa falta de compromiso es la razón por la que los cristianos se dispersan de la comunidad cristiana cuando las cosas no salen como ellos quieren. Se asemejan a los discípulos que abandonaron al Maestro en el momento de la prueba.

3) Para disfrutar de la paz interior necesitamos cultivar la oración y tener una disposición de gratitud hacia Dios en todo.

"Por nada estén afanosos; antes bien, en todo, mediante oración y súplica con acción de gracias, sean dadas a conocer sus peticiones delante de Dios. Y la paz de Dios, que sobrepasa todo entendimiento, guardará sus corazones y sus mentes en Cristo Jesús". (Fil 4:6-7)

Este pasaje bíblico representa una invitación a no estar ansiosos y al mismo tiempo a cultivar una vida de oración caracterizada por acciones de gracias. Inmediatamente después, en el versículo 7, el apóstol Pablo nos dice cuál es el resultado de ese caminar: la paz de Dios, que sobrepasa todo entendimiento, que guardará nuestros corazones y nuestras mentes. Esa es la paz que no tiene explicación humana. Esa es:

- la paz de Pablo en la tormenta que hizo naufragar el barco;
- la paz de Moisés en el desierto;
- la paz de los tres amigos de Daniel en el horno de fuego;
- la paz de Daniel en el foso de los leones;
- la paz de Esteban mientras lo apedreaban;
- la paz de Noé en el diluvio;
- la paz de Cristo en la cruz.

4) Para disfrutar de la paz interior no solo necesitamos leer Su Palabra, también debemos amarla.

"Mucha paz tienen los que aman Tu ley" (Sal 119:165), dice el salmista. Creemos que la razón por la que el salmista dice eso es porque hay muchas cosas en la Palabra que implican un sacrificio, que implican un morir a nosotros mismos y una aceptación sin cuestionamientos, y a menos que amemos la Palabra, siempre cuestionaremos la benevolencia de Dios o Su habilidad para hacer las cosas. Muchos cristianos leen los pasajes de la Escritura de forma selectiva, evitando continuamente aquellas secciones que demandan cumplimiento y recurriendo constantemente a las secciones donde Dios promete bendiciones, apropiándose de forma recurrente de las promesas de Dios sin vivir las responsabilidades que Dios impone a Sus hijos. El que ama la Palabra de Dios la lee, la estudia, la escudriña, la memoriza, la atesora, la cumple, la enseña, la comparte, la defiende y la cuida para que no sea distorsionada. Esa persona conoce y disfruta de la paz de Cristo.

5) Para disfrutar de la paz interior necesitamos disponernos a la obediencia.

"Lo que también han aprendido y recibido y oído y visto en mí, esto practiquen [*obedezcan*], y el Dios de paz estará con ustedes". (Fil 4:9, énfasis añadido)

La paz interior es el resultado de la obediencia. Las personas en desobediencia no pueden tener paz ni pueden reclamar las promesas de Dios. De hecho, en el Salmo 38, el salmista escribió: "No hay parte sana en mi cuerpo a causa de tu ira; no hay paz en mis huesos a causa de mi pecado" (Sal 38:3, RVA-2015). La obediencia trae paz, pero la desobediencia nos la roba porque el Dios de paz está con los que practican la obediencia. Hay hijos de Dios que son desobedientes que ciertamente disfrutan la paz general que resulta de la reconciliación del hombre con Dios; pero esos hijos de Dios que caminan en desobediencia no pueden disfrutar de una paz más profunda y continua. Y es que, un caminar desobediente implica un alejamiento de Dios, y la paz de Dios solo se experimenta estando cerca de Él. La mejor ilustración la encontramos en Adán y Eva, quienes perdieron la paz cuando desobedecieron y nosotros la perdemos de la misma manera.

En la desobediencia de la carne podemos experimentar temporalmente una alegría fruto del placer que podría confundirse con paz; pero tarde o temprano descubriremos que la alegría se ha tornado en lágrimas como seguramente sucedió con Adán y Eva. La persona que vive en pecado no experimenta la paz de Dios porque no está viviendo en Él y es solo en Él que tendremos paz.

6) Para disfrutar de la paz de Cristo tenemos que vernos viviendo en Él y no en el mundo.

"Estas cosas les he hablado para que en Mí tengan paz. En el mundo tienen tribulación; pero confíen, Yo he vencido al mundo". (Jn 16:33)

Todo el que es cristiano está en Cristo, el problema es que no todo cristiano tiene la actitud mental de verse en Cristo. Esto era algo que el apóstol Pablo hacía con frecuencia y se evidencia por su uso constante de la frase "en Cristo". Verse de esa manera era lo que le permitía estar en paz y considerar los sufrimientos de este mundo como leves y pasajeros.

En el aposento alto, Cristo enseñó a Sus discípulos la diferencia entre verse en Cristo y verse en el mundo cuando les dijo que es posible tener aflicción en el mundo y paz en Él. Cristo sabía que Sus discípulos serían acusados, perseguidos, encarcelados y castigados; pero les garantizó que en medio de esas circunstancias podrían tener un sentido de paz producido por el hecho de conocer que su sufrimiento tenía sentido, propósito, significado, garantías, futuro, y que al final todas las cosas cooperarían para bien. Todo esto puede ser entendido cuando estamos en Cristo y caminando con Él.

Eric Barker fue un misionero de Inglaterra que pasó más de cincuenta años en Portugal predicando el evangelio. Durante la Segunda Guerra Mundial, las condiciones en Portugal se volvieron tan críticas que Barker tomó la decisión de enviar a su esposa con sus ocho hijos a Inglaterra. Su hermana y sus tres hijos también fueron evacuados en el mismo barco. El domingo siguiente, Barker se paró ante su congregación y les informó que acababa de recibir la noticia de que toda su familia había llegado bien a su hogar, y continuó con el servicio como de costumbre. Luego la congregación se enteró del significado de sus palabras. Justo antes del servicio, alguien le entregó a Barker una nota informándole que un submarino había torpedeado el barco donde iba su familia y que todos los ocupantes del barco habían muerto. Barker sabía que toda su familia conocía al Señor y la idea de que ahora estaban en la presencia de Dios le dio la paz para vivir por encima de las circunstancias.

Disfrutar de la paz de Dios es un don o un regalo que viene de lo alto cuando decidimos permanecer conectados con Dios, no de palabra, sino de hecho. La paz de Dios no es la ausencia de problemas, sino el resultado de un sentido de la presencia de Dios en nosotros. Por eso Cristo dijo: "en Mí tendrán paz". Cuando nuestra comunión con Cristo se va, nuestra paz se desvanece. Probablemente muchos conocen o han visto los estabilizadores que se colocan en las alas de los aviones para disminuir las turbulencias e incluso para evitar posibles caídas. Cristo es el estabilizador de nuestra vida para los días de turbulencia y para garantizar nuestro aterrizaje en el cielo. En Jeremías 6:13-14, Dios denuncia a Su pueblo porque desde el sacerdote hasta el profeta, todos practicaban el engaño y decían "paz, paz" cuando no había paz. Una cosa es hablar de paz y otra es experimentarla. Necesitamos estar y vernos en Cristo para experimentar la verdadera paz.

7) Para disfrutar de la paz de Cristo necesitamos un carácter manso y humilde.

"Tomen Mi yugo sobre ustedes y aprendan de Mí, que Yo soy manso y humilde de corazón, y hallarán descanso para sus almas". (Mt 11:29)

La palabra traducida como descanso en el texto de más arriba es *anapausis* (ἀνάπαυσις), que significa cesar de mover o de algún trabajo. También puede hacer referencia a una "tranquilidad bendita del alma".[2] A manera de aplicación, pudiéramos decir que la humildad y la mansedumbre contribuyen a la paz interior del ser humano. Si nos detenemos a pensar, muchas de nuestras inquietudes, molestias, irritaciones y aun enemistades con otros, han sido producidas por el orgullo que se ofende, irrita y reacciona fácilmente. Es el orgullo que no sabe perdonar, y como consecuencia nuestro orgullo mantiene nuestras irreconciliaciones, las cuales por definición implican falta de paz entre dos personas. El orgullo rehúsa buscar ayuda y prefiere permanecer en la ansiedad. Y es el orgullo que permanece rumiando las faltas del otro de manera compulsiva, todo lo cual habla de una falta de paz interior. La persona orgullosa es la que frecuentemente teme que otros puedan adelantarse haciéndole perder oportunidades deseadas y eso obviamente les roba la paz. Igualmente, es el orgullo humano que con regularidad vive preocupado por la opinión y la aprobación de los demás. Estas son solamente algunas ilustraciones de cómo la humildad y la mansedumbre cultivada en nosotros con la ayuda del Espíritu Santo pueden contribuir a la experiencia de la paz.

Paz con los demás

Hasta ahora hemos hablado de la paz que Dios hizo con nosotros por medio de Su Hijo Jesucristo y de la paz interior

---

2. *Nueva Concordancia Strong Exhaustiva* (Nashville, TN: Grupo Nelson, 2002), #G372.

que podemos disfrutar cuando tenemos nuestra relación con Dios en el lugar que le corresponde. Pero si el fruto del Espíritu es algo que debemos exhibir, entonces la paz tiene que guardar relación con el resto de los hombres. Y esto es lo que la Palabra de Dios nos dice con relación a nuestra paz y los demás:

"Busquen la paz con todos, y la santidad, sin la cual nadie verá al Señor". (He 12:14)

El autor de Hebreos nos recuerda nuestra obligación no solo de buscar la santidad, sino también de buscar la paz con todos los hombres. El siervo de Cristo no debe ser conocido por su espíritu contencioso, sino por su deseo de ser un pacificador. Bien dijo Cristo en el Sermón del Monte: "Bienaventurados los pacificadores, porque ellos serán llamados hijos de Dios" (Mt 5:9, RVR1960). Cuando éramos enemigos de Dios, Cristo vino a restablecer la paz entre el hombre y Dios. Debemos imitar Su ejemplo buscando la paz con los hombres. Y el llamado a procurar la paz con los hombres incluye a nuestros enemigos porque como bien dice el autor de Proverbios: "Cuando los caminos del hombre son agradables al SEÑOR, aun a sus enemigos hace que estén en paz con él" (Pr 16:7). Como creyentes, nuestro rol principal es complacer a Dios y Él se encarga del resto.

Cuando Pablo escribió su segunda carta a los Corintios, los llamó a vivir en paz unos con otros diciendo: "Por lo demás, hermanos, regocíjense, sean perfectos, confórtense, sean de un mismo sentir, vivan en paz, y el Dios de amor y paz estará con ustedes" (2 Co 13:11). Del mismo modo, a los colosenses dijo: "Y que la paz que viene de Cristo gobierne en sus corazones. Pues, como miembros de un mismo cuerpo, ustedes son llamados a vivir en paz. Y sean siempre agradecidos". Parte de nuestro llamado como hijos de Dios es vivir en paz porque eso sirve de testimonio al inconverso de la diferencia que Cristo ha hecho en nuestras vidas, pero también refleja que la enemistad más grande que jamás hayamos tenido, la que existía entre Dios y el hombre, fue resuelta por Dios mismo a través de Cristo. La idea es que nosotros hagamos lo mismo con la ayuda del Espíritu, buscando la paz y resolviendo las diferencias que podamos tener con los demás. La división y los conflictos son obras de Satanás y de la carne. La paz y la unidad son obras del Espíritu de Dios.

Hasta ahora hemos visto tres virtudes del fruto del Espíritu: el amor, el gozo y la paz. Cuando amamos, procuramos la paz con los demás. Cuando buscamos la paz, Proverbios 12:20 dice que experimentamos gozo. Y así podemos ver la interrelación entre estas tres virtudes. En los capítulos siguientes seguiremos viendo cómo estas virtudes guardan relación unas con otras.

CAPÍTULO 5

CUANDO DIOS CULTIVA NUESTRA PACIENCIA

"Pero el fruto del Espíritu es amor, gozo, paz, **pa-ciencia**, benignidad, bondad, fidelidad, manse-dumbre, dominio propio; contra tales cosas no hay ley". (Gá 5:22-23)

La cuarta de las virtudes enumeradas como parte del fruto del Espíritu en Gálatas 5:22-23 es la paciencia; una virtud poco exhibida y de poco interés para muchos. De hecho, es una virtud de la que muchos se mofan al decir: "¡Ay, no! No tengo paciencia para lidiar con eso". Con esta frase estas personas expresan no tener paciencia para lidiar con problemas que ellos consideran de poca importancia haciendo referencia en ocasiones a niños, obreros, o situaciones de la vida diaria, según sea el caso. La insinuación suele ser: "No tengo paciencia y tampoco deseo desarrollarla". No se nos ocurre pensar que la razón por la que Dios nos está colocando en dicha situación es precisamente para que desarrollemos la paciencia que no tenemos.

A nuestro entender, el ser humano siempre ha mostrado poca apreciación por la paciencia, especialmente en esta generación del microondas, de los teléfonos inteligentes, del WhatsApp, del Telegram, y otras tecnologías que han acelerado nuestro diario vivir. Una generación que perfectamente podría llamarse "la generación instantánea". Para nadie es un secreto que las redes sociales parecen dominar el mundo y el tiempo de un gran número de la población mundial. Sin duda, los beneficios del avance de la comunicación y la tecnología han sido muchos, pero por otro lado no podemos negar el daño que nos han traído.

Hablando de ese mundo de las redes sociales y la necesidad de desarrollar la paciencia, Christopher J. H. Wright, en su libro *Cultivating the Fruit of the Spirit* [Cultivando el fruto del Espíritu], comenta que "la paciencia parece ser una virtud ignorada. Algunas personas simplemente no pueden esperar para dar su opinión, hablar de su punto de vista, expresar lo que piensan, independientemente de cuán dañino o hiriente pudiera ser para otros. Hemos llegado a ser muy impacientes en actitudes, comunicación y expectativas".[1] Esta observación es una gran realidad. Por tanto, con esto en mente, mientras analizamos la paciencia como fruto del Espíritu, meditemos en las siguientes realidades:

- Cuanto menos amamos y respetamos al otro, menos pacientes somos.
- La superficialidad de la vida presente frecuentemente se debe a la velocidad con la que vivimos la vida. No tenemos tiempo para pausar y reflexionar, y sin reflexión no hay profundidad de vida.
- Al vapor, jamás desarrollaremos fortaleza de carácter.

---

1. Christopher J. H. Wright, *Cultivating the Fruit of the Spirit* (Downers Grove: InterVarsity Press, 2017), p. 79.

La impaciencia caracteriza la inmadurez espiritual y caracteriza nuestro egocentrismo al pensar que las cosas deben hacerse a nuestra manera y en nuestro tiempo. La persona impaciente no sabe esperar y ni siquiera quiere esperar. Porque hay una diferencia entre no saber cómo hacer algo, pero querer aprender a hacerlo, y no saber cómo hacer algo, pero no querer aprenderlo porque no necesariamente lo vemos como una virtud. Quizá veríamos la paciencia como una virtud si nos lloviera del cielo; pero ninguna de las virtudes del fruto del Espíritu se desarrolla de la noche a la mañana.

El fruto del Espíritu: la evidencia del nuevo hombre

Con toda probabilidad, la mayoría de los cristianos han leído o escuchado acerca de la necesidad que tenemos de despojarnos del viejo hombre y vestirnos del nuevo hombre. El apóstol Pablo habla de esta necesidad en Efesios 4:20-25. En este pasaje bíblico, Pablo menciona que el nuevo hombre es conforme a la semejanza de Dios. Imaginemos por un momento que el nuevo hombre corresponde a un uniforme. En ese sentido, Pablo nos llama a vestirnos con ese nuevo uniforme que nos haría lucir semejantes a Dios; no iguales, pero sí semejantes a Él. Pues resulta que el nuevo hombre del que Pablo habla en Efesios 4 no es otra cosa que el fruto del Espíritu del que él mismo habla en Gálatas 5.

De manera que, cuando hablamos de las virtudes descritas como parte del fruto del Espíritu, nos estamos refiriendo a cualidades o atributos que forman parte del carácter de Dios, exhibidos en la persona de Cristo en Su paso por la tierra. Esas virtudes deben ser exhibidas por el nuevo hombre en contraste con los vicios que son parte de las obras de la carne y que caracterizan al hombre viejo. En otras palabras, el fruto del Espíritu es un llamado a parecernos a Cristo, quien murió precisamente para llevarnos de lucir como somos hasta lucir como Él. Esto nos indica que el fruto del Espíritu no es simplemente una sugerencia de parte de Dios, ni es tampoco una recomendación. El fruto del Espíritu es:

- la evidencia de que Dios está trabajando en nosotros;
- la evidencia de nuestra santificación;
- la evidencia de nuestra transformación a la imagen de Cristo.

Desde la eternidad pasada, Dios se propuso hacernos conformes a la imagen de Su Hijo. Por tanto, desde entonces, el propósito de Dios ha sido que reflejemos en nuestras vidas las cualidades que son parte del carácter de Su Hijo. Ese es el propósito singular de Dios y la razón por la que atravesamos cualquier circunstancia en la vida. Él nos predestinó, nos llamó y nos justificó para hacernos conforme a la imagen de Cristo, es decir, para exhibir el fruto del Espíritu y lucir como Él.

David Brooks, en su libro *El camino del carácter*, habla de las virtudes de nuestro currículum versus las virtudes mencionadas en nuestro funeral.[2] Las virtudes mencionadas en un currículum son aquellas que traemos al mercado laboral y que contribuyen al éxito externo. Esas son las virtudes que nuestro sistema de educación enfatiza, según Brooks. El autor explica que la mayoría de nosotros tenemos estrategias mucho más claras sobre cómo alcanzar el éxito profesional que aquellas que nos ayudan a desarrollar las virtudes de un carácter profundo.

En ese sentido, pensamos que las virtudes enumeradas como parte del fruto del Espíritu son las que se mencionarán el día de nuestra sepultura. En cambio, las virtudes que constituyen nuestros logros profesionales son las que Pablo consideró como basura al venir a Cristo (Fil 3:8). Y las virtudes que luego enfatizó en todas las cartas del Nuevo Testamento son las que forman parte del fruto del Espíritu y las únicas que tienen valor en el reino de los cielos. De modo que, el fruto del Espíritu corresponde a las virtudes del hombre que está siendo formado a la imagen de Cristo.

La paciencia: evidencia del fruto del Espíritu

La paciencia no es una virtud que el hombre natural posee, valore o busque. Por tanto, es algo que Dios tiene que

---

2. David Brooks, *El camino del carácter* (México: Editorial Océano, 2017).

formar en nosotros como sugiere el título de este capítulo, "Cuando Dios cultiva nuestra paciencia". Entonces, si la paciencia es algo que se cultiva, la producción de ese fruto implica un proceso de nacimiento, crecimiento y fructificación.

Como Dios es eterno, Él nunca anda deprisa, por lo que para Él, mil años son como un día. En cambio, como los seres humanos somos personas mortales de corta vida, nunca andamos despacio. Esto hace que el calendario de Dios luzca muy diferente al nuestro. Para ilustrar:

- Abraham recibió una promesa de que tendría un hijo y pasaron veinticinco años antes de que ese hijo naciera.

- Moisés fue llamado el hombre más humilde sobre la faz de la tierra, pero pasaron ochenta años antes de que Dios comenzara a usarlo.

- El pueblo hebreo pasó cuatrocientos años de esclavitud en Egipto. Entre el Antiguo Testamento y el Nuevo Testamento apenas hay una página, pero ese es el período de cuatrocientos años de silencio de parte de Dios.

- Cuando Cristo ascendió al cielo, prometió que volvería y tenemos dos mil años esperando Su regreso.

Si quiere ver resultados rápidos, no está listo para caminar con Dios porque caminar con Él requiere paciencia. Entonces, si la paciencia es una virtud necesaria para caminar con Dios, necesitamos entender cómo se forma y cuál es su necesidad en la vida cristiana.

¿Cómo se forma la paciencia?

En primer lugar, no debemos olvidar que Dios es quien cultiva en nosotros la paciencia con el fin de formarnos a la imagen de Cristo, y esto tiene que ver con nuestro carácter. El carácter es como el diamante que se forma a grandes profundidades (entre 140 y 190 km de profundidad), bajo una gran presión y durante un largo período de tiempo, y emerge a la superficie a través de erupciones volcánicas. Una vez formado, el diamante es altamente resistente y así debe ser nuestro carácter. Pero la formación tanto de ese diamante como de nuestro carácter requiere tiempo y, por lo tanto, paciencia.

El carácter es importante porque, la realidad es que, cuando llegamos a una posición a la que nuestro carácter no ha llegado, las posibilidades de una caída son muy altas. Y esto es algo que lamentablemente hemos visto en la historia reciente. El mundo nos ofrece una profesión y una promoción para llegar rápido. Por tanto, para llegar donde queremos necesitamos aprender las estrategias del mercado. En cambio, Dios nos ofrece la tribulación y la humillación para llegar lento. De manera que, para llegar hasta donde necesitamos llegar, debemos aprender los caminos de Dios.

Al leer los Salmos, nos llama la atención que en el Salmo 103:7 el salmista dice que Dios dio a conocer Sus caminos a Moisés y a los israelitas Sus obras. El pueblo conocía las obras de Dios, pero Moisés conocía los caminos o las formas "de obrar de Dios", que no son más que un reflejo de Su carácter. Ahora bien, ¿recuerda cuál fue la estrategia de Dios para llevar a Moisés a ser el líder más grande del Antiguo Testamento? El desierto durante cuarenta años. ¿Recuerda cuál fue la estrategia de Dios para llevar a José a ser la mano derecha de Faraón? La cárcel por varios años (Ver Gn 37:2; 41:1; 46). ¿Recuerda cuál fue la estrategia de Dios para llevar a Daniel a convertirse en la mano derecha de Nabucodonosor? El exilio junto con el pueblo hebreo. Dios nunca ha formado a sus líderes según las estrategias del mercado.

La tribulación es el método a través del cual Dios forma el carácter de Sus hijos. Note cómo el apóstol Pablo nos deja ver esta realidad desde otro ángulo:

"Y no solo esto, sino que también nos gloriamos en las tribulaciones, sabiendo que la tribulación produce paciencia; y la paciencia, carácter probado; y el carácter probado, esperanza". (Ro 5:3-4)

La meta de nuestra vida en Cristo es el desarrollo del carácter y el carácter es el resultado de la paciencia, según Pablo. El carácter es el fruto:

- de la espera;
- de caminar lento;
- de ver a otros pasarnos por el lado a grandes velocidades;
- y el fruto de la reflexión mientras caminamos despacio.

En pocas palabras, el carácter es el fruto de la paciencia y la paciencia es el resultado de la tribulación. Por eso en Romanos 5 Pablo dijo que se gloriaba en las tribulaciones, reconociendo que las mismas conducen a un carácter probado y ese carácter fue lo que le dio esperanza para permanecer firme hasta el final.

Leon Morris, en su comentario sobre las cartas a los Tesalonicenses, hace la siguiente observación con respecto al sufrimiento:

"El Nuevo Testamento no mira el sufrimiento de la misma manera que la mayoría de las personas modernas. Para nosotros el sufrimiento es algo malo [o malvado], algo para ser evitado a toda costa. Ahora, mientras el Nuevo Testamento no pasa por alto este aspecto del sufrimiento, no pierde de vista que en la providencia de Dios [el sufrimiento] es frecuentemente el instrumento de Dios para llevar a cabo Su propósito eterno. El sufrimiento desarrolla en los que sufren cualidades del carácter. Nos enseña lecciones valiosas. El sufrimiento no es algo que el creyente puede evitar. Para él es inevitable. Él ha sido predestinado para eso (1 Ts 3:3)".[3]

Por su parte, Santiago afirma que nuestra fe es probada y que esa fe probada engendra paciencia y la paciencia es necesaria en el proceso de formación hasta llevarnos a la perfección. Observe cómo lo expresa en su carta:

"... sabiendo que la prueba de su fe produce paciencia, y que la paciencia tenga su perfecto resultado, para que sean perfectos y completos, sin que nada les falte". (Stg 1:3-4)

Entonces, vamos a definir la paciencia desde el punto de vista bíblico como **la capacidad para esperar por las promesas de Dios, bajo grandes presiones, con tranquilidad y esperanza para ser obtenidas en el tiempo de Dios y a la manera de Dios.**

Por su parte, el Diccionario de la Real Academia Española (RAE) define la paciencia como:

1. La capacidad de padecer o soportar algo sin alterarse.
2. La capacidad para hacer cosas pesadas o minuciosas.
3. La facultad de saber esperar cuando algo se desea mucho.

---

3. Leon Morris, *The First and Second Epistles to the Thessalonians, The New International Commentary on The New Testament* (Grand Rapids: Williams B. Eerdmans Publishing Company, 1989), pp. 197-198.

De manera que, aun el diccionario secular relaciona la paciencia al sufrimiento, a la necesidad de soportar cosas pesadas y a la espera. De hecho, algunos sinónimos de paciencia son: tolerancia, calma, perseverancia, soportar. Sin estas cualidades no terminamos la carrera, sobre todo porque la vida es una larga carrera llena de tribulaciones. Para terminar bien la carrera necesitamos paciencia. El problema es que cuando las cosas en la vida vienen en otra dirección, de forma distinta a la que esperábamos, no queremos abrazarlas porque tenemos expectativas erradas de la vida. Tenemos incluso concepciones erradas de lo que la Biblia establece de forma clara y que no requiere interpretación, como el hecho de que a través de mucha tribulación entraríamos al reino de los cielos.

El gran predicador Charles Spurgeon entendió esta realidad de la vida cristiana. Preste atención a su sermón predicado en 1859:

"¿Piensas que serás llevado al cielo en una cama de plumas? ¿Tienes la noción en tu cabeza de que el camino al paraíso es un césped de grama perfectamente podada, con aguas de reposo y verdes pastos de vez en cuando para animarte? Necesitas eliminar esa fantasía engañosa de tu cabeza. El camino al cielo es cuesta arriba y cuesta abajo; cuesta arriba con dificultad, cuesta abajo con pruebas. Es a través de fuego y a través de agua, a través de inundaciones y a través llamas, junto a leones y junto a leopardos. El camino al paraíso es a través de la boca de dragones".[4]

Así llegó Pablo al cielo y así regresó Cristo a Su gloria después de ser juzgado por lobos rapaces y después de una cruz vergonzosa. ¿Por qué deberíamos nosotros de llegar de otra manera?

La necesidad de la paciencia

Hasta aquí hemos visto cómo Dios cultiva la paciencia en nosotros. De modo que, si queremos ser pacientes y caminar con Dios, ya sabemos cuál es Su estrategia y metodología. Esto debería prepararnos emocional y espiritualmente para una mejor vida de este lado de la eternidad. Sabiendo que Dios desea que la paciencia esté presente en nuestras vidas, veamos ahora varias razones por las que esta virtud es tan necesaria para vivir una vida bien vivida.

a. La paciencia es necesaria para esperar fielmente por las promesas de Dios.

El autor de la epístola a los Hebreos nos habla mejor que ningún otro de la necesidad de correr pacientemente hasta el final a través de la siguiente exhortación:

---

4. Charles Spurgeon, *Holy Violence*, New Park Street Pulpit Vol. 5, predicado el 15 de mayo de 1859, https://www.spurgeon.org/resource-library/sermons/holy-violence/#flipbook/.

"Por tanto, puesto que tenemos en derredor nuestro tan gran nube de testigos, despojémonos también de todo peso y del pecado que tan fácilmente nos envuelve, *y corramos con paciencia* la carrera que tenemos por delante". (He 12:1, énfasis añadido)

Como hemos dicho tantas veces, la carrera cristiana es un maratón y no una carrera de cien metros. Muchos de los hijos de Dios que se han desesperado en la espera por Sus promesas han cometido grandes errores con grandes tropiezos y caídas que han tenido grandes consecuencias. Necesitamos paciencia para creer que vale la pena mantener "una obediencia larga en la misma dirección"[5], como escribió Eugene H. Peterson en uno de sus libros que lleva precisamente este título.

Como mencionamos, el autor de Hebreos es quien mejor capta la idea de la necesidad de paciencia para llegar hasta el final y cómo otros en el pasado corrieron la carrera de la fe con paciencia. De hecho, el capítulo 11 de Hebreos habla de los héroes de la fe y sobre estos se nos dice que:

"Todos estos murieron en fe, sin haber recibido las promesas, pero habiéndolas visto desde lejos y aceptado con gusto, confesando que eran extranjeros y peregrinos sobre la tierra". (He 11:13)

---

5. Eugene H. Peterson, *Una obediencia larga en la misma dirección* (Miramar, FL: Editorial Patmos, 2004).

Estos hombres y mujeres fueron pacientes en medio de pruebas y dificultades insoportables, en medio de la persecución y el destierro. Ellos son la gran nube de testigos que hoy nos animan a correr la carrera con paciencia hasta el final.

b. La paciencia es necesaria para soportar el sufrimiento que da testimonio de nuestra fe.

En su primera carta, Pedro nos exhorta a soportar el sufrimiento con paciencia señalando lo siguiente: "Pero si cuando hacen lo bueno sufren por ello *y lo soportan con paciencia,* esto halla gracia con Dios" (1 P 2:20b, énfasis añadido). La forma en que el hijo de Dios enfrenta el sufrimiento es importante porque el sufrir con paciencia testifica de nuestra confianza en la providencia de Dios. Nuestra paciencia en medio de la tribulación habla de que tenemos un Dios digno de confianza. Un cristiano impaciente frecuentemente es un cristiano airado y un cristiano airado le da una mala reputación a la fe y al Dios de la fe.

Nadie ha sufrido bien sin paciencia. Sufrir es doloroso, pero sufrir impacientemente multiplica con creces nuestro dolor porque ahora sufrimos lo que sufrimos con amargura. La paciencia de Pablo en medio de persecuciones, prisiones, naufragios, azotes, acusaciones, insultos, abusos e injusticias lo libró de la amargura. Tanto así que Pablo consideró estas aflicciones que ya hemos mencionado antes como leves y pasajeras porque tenía en mente la providencia de Dios y eso le permitía enfrentarlas con paciencia. Sin paciencia, estas aflicciones habrían sido consideradas como graves y duraderas.

c. La paciencia es necesaria para amar al otro.

Es imposible amar y soportar a los demás sin paciencia. Pablo habla de esto en la carta a los Efesios:

> "Que vivan con toda humildad y mansedumbre, con paciencia, soportándose unos a otros en amor, esforzándose por preservar la unidad del Espíritu en el vínculo de la paz". (Ef 4:2-3)

He aquí varias implicaciones que se derivan de este pasaje:

- No hay manera de soportar al hermano sin paciencia.
- No hay forma de preservar la unidad de la Iglesia sin paciencia.
- No hay forma de ministrar a todo tipo de personas sin paciencia.
- No podemos corregir en amor sin paciencia.
- No podemos confrontar bíblicamente sin paciencia.
- No podemos tolerar a los que vienen detrás con menos conocimiento y menos madurez sin paciencia.
- No podemos soportar ni tolerar las faltas o las debilidades de los demás sin paciencia.

En otras palabras, no podemos hacer vida de Iglesia sin paciencia, ya que todo lo que acabamos de describir se lleva a cabo en comunidad. Note cómo en una de sus cartas el apóstol Pablo exhortó a los tesalonicenses a ser pacientes:

> "Les exhortamos, hermanos, a que amonesten a los indisciplinados, animen a los desalentados, sostengan a los débiles y *sean pacientes* con todos". (1 Ts. 5:14, énfasis añadido)

Nuestra impaciencia refleja una falta de gracia para con los demás, lo que contradice la gracia que hemos recibido de Dios.

d. La paciencia es necesaria para enseñar a otros.

Pablo advirtió a Timoteo sobre esto en una de sus cartas diciendo:

> "Predica la palabra. Insiste a tiempo y fuera de tiempo. Amonesta, reprende, exhorta con mucha paciencia e instrucción". (2 Ti 4:2)

Jesús fue paciente con Sus discípulos cuando ellos no entendieron Sus enseñanzas; cuando no reflejaron Su carácter; cuando mostraron prejuicio hacia los demás; y mientras aprendían una nueva forma de caminar en el reino de los cielos. Si el Maestro fue paciente con Sus discípulos, necesitamos ser pacientes con los nuestros. Dios ha mostrado Su paciencia para con cada uno de nosotros a medida que continuamos aprendiendo, así que debemos hacer lo mismo con los demás.

e. La paciencia es necesaria para perdonar al otro.

El simple hecho de que Cristo nos llame a perdonar setenta veces siete habla de cuánta paciencia necesitamos al relacionarnos con los demás. Pedro pensó que estaba siendo magnánimo cuando le preguntó a Jesús si debía perdonar a su hermano hasta siete veces. La paciencia de Pedro para perdonar llegaba hasta siete veces y Jesús le informa que debía hacerlo un número incontable de veces.

f. La paciencia es necesaria para reflejar el carácter de Dios a un mundo incrédulo.

Como hijos de Dios, la principal razón que tenemos para ser pacientes es reflejar el carácter de Dios a un mundo incrédulo. Tanto en el Antiguo Testamento como en el Nuevo Testamento se nos llama a:

- Ser santos porque Dios es santo (1 P 1:16).
- Perdonar como Cristo perdonó (Col 3:16).
- Ser misericordiosos como nuestro Padre es misericordioso (Lc 6:36).

Hay un llamado recurrente en la Palabra para aquellos de nosotros que seguimos a Cristo a reflejar Su carácter como una forma de testificar acerca de Su poder, Su gracia y Su amor para con los pecadores, tal como lo hizo Pablo. Y si hay algo que Dios ha hecho evidente es cuán paciente Él es. Su anhelo es que reflejemos al mundo lo paciente que ha sido con nosotros, los que ya creemos, y con los que aún no han creído, como menciona Pedro: "El Señor no se tarda en cumplir Su promesa, según algunos entienden la tardanza, sino que *es paciente para con ustedes*, no queriendo que nadie perezca, sino que todos vengan al arrepentimiento" (2 P 3:9, énfasis añadido). Por tanto, si hemos sido llamados a reflejar Su paciencia, es necesario hablar brevemente de la paciencia de Dios.

La paciencia de Dios a la luz de las Escrituras

Cuando hablamos de la paciencia de Dios, nos referimos a la habilidad o disposición del corazón que tiene Dios cuando restringe Su poder y Su juicio sobre el pecador por un largo tiempo, siendo el castigo merecido y pudiendo derramar Su ira con justicia sobre el transgresor. Obviamente, la paciencia de Dios es el resultado de Su bondad y misericordia que "autocontrolan" o "autorregulan" Su carácter. Cuando Dios restringe Su ira, está ejerciendo un poder de control sobre Sí mismo, y cuando ejerce ese poder de autocontrol, lo hace primero para Su propia gloria y luego para el beneficio de la criatura que es la que se beneficia de Su lentitud para derramar esa ira. Ciertamente, hemos sido bendecidos por Su paciencia.

Como el hombre no tiene idea de lo que es poseer santidad absoluta como la tiene Dios, no entendemos cuán grave es el pecado para Dios; si lo entendiéramos, tal vez podríamos comprender la paciencia de Dios con el pecador. La expresión "la paciencia de Dios" se traduce mejor en muchos pasajes de la Escritura con la frase: "Dios es lento para la ira". Aunque Sus juicios parecen severos en ocasiones, la Palabra atestigua una y otra vez que Dios es lento para la ira. He aquí algunos ejemplos:

"El SEÑOR, el SEÑOR, Dios compasivo y clemente, *lento para la ira* y abundante en misericordia y verdad". (Éx 34:6)

"El SEÑOR es *lento para la ira* y abundante en misericordia…". (Nm 14:18)

"…Pero Tú eres un Dios de perdón, clemente y compasivo, *lento para la ira* y abundante en misericordia…". (Neh 9:17)

"Pero Tú, Señor, eres un Dios compasivo y lleno de piedad, *lento para la ira* y abundante en misericordia y fidelidad". (Sal 86:15)

"Compasivo y clemente es el SEÑOR, *lento para la ira* y grande en misericordia". (Sal 103:8)

"Clemente y compasivo es el SEÑOR, *lento para la ira* y grande en misericordia". (Sal 145:8)

"Porque Él es compasivo y clemente, *lento para la ira, abundante en misericordia…*". (Jl 2:13)

"...Tú eres un Dios clemente y compasivo, *lento para la ira* y rico en misericordia...". (Jon 4:2)

"El Señor es *lento para la ira* y grande en poder...". (Nah 1:3)

No es casualidad que en Romanos 15:5 el apóstol Pablo llame a Dios el Dios de la paciencia. Y si Dios ha sido paciente con nosotros, Él espera que reflejemos esa paciencia hacia los demás.

La paciencia de Dios se percibe mejor junto a la impaciencia del hombre ante el pecado. Es increíble ver cómo el hombre pecador es menos tolerante con el pecado en el otro de lo que Dios es paciente con nuestro pecado. En el Antiguo Testamento vemos cómo Habacuc se queja contra Dios y lo cuestiona, porque el profeta ya se había cansado de ver el pecado del hombre, y así escribió:

"¿Hasta cuándo, oh Señor, pediré ayuda, y no escucharás, clamaré a ti: ¡Violencia! y no salvarás? ¿Por qué me haces ver la iniquidad, y me haces mirar la opresión? La destrucción y la violencia están delante de mí, hay rencilla y surge discordia". (Hab 1:2-3, LBLA).

El profeta Habacuc, que tenía una naturaleza pecaminosa, se cansó de ver el pecado mucho antes que Dios y se quejó de que Dios no estaba haciendo justicia y lo acusó de hacerle ver el pecado cuando ya no podía más. A Habacuc no se le ocurrió pensar que él también era parte de este pecado que estaba viendo y aun así Dios lo estaba usando como Su profeta.

Por otro lado, la Biblia cuenta cómo Dios envió a Jonás a predicar a los ninivitas y Jonás no quiso ir porque no toleraba el pecado de ese pueblo tan cruel. Jonás se cansó de su pecado antes de ir a ellos; se cansó solo de oírlo. Sin embargo, Dios fue paciente y misericordioso y Su paciencia trajo arrepentimiento a toda una ciudad. Entonces, Jonás protestó y se quejó de la paciencia de Dios con el pecador.

Si esta actitud de Jonás parece intolerante e impaciente, la de Juan y Jacobo la supera. Juan y Jacobo, junto con los demás discípulos y el Maestro, intentaron entrar a una villa de Samaria, y cuando no les recibieron se airaron contra los habitantes de esa comunidad y estaban dispuestos a hacer llover fuego del cielo por la irreverencia que habían cometido contra ellos. Cristo, en Su paciencia y benevolencia hacia el pecador, tuvo que detenerlos porque de lo contrario Samaria estaría ardiendo hasta el día de hoy.

¿Qué es lo que hace al hombre tan impaciente ante el pecado del otro que lo hace cansarse mucho antes que Dios en presencia del pecado? ¿Cómo es que un ser que es pecador desde el momento de su concepción tolera el pecado en el otro menos que Aquel que es totalmente santo? La respuesta no es muy complicada. La falta de misericordia en nosotros nos vuelve intolerantes a pesar de que Dios nos dijo a través del profeta Miqueas que quiere que amemos la misericordia (Miq 6:8). Nuestro orgullo y autojusticia nos hacen vernos mejores y superiores a los demás, y aunque constantemente estamos hablando de la gracia de Dios, también continuamente juzgamos sin gracia a los hermanos que no piensan como nosotros y mucho más a los que aún no se han arrepentido como si hubiéramos nacido santificados, olvidando que Dios nos sacó del mismo lodo.

El hombre es arrogante cuando juzga, aunque no tiene el derecho ni la santidad para hacer un juicio que muchas veces es más severo que el de Dios. Con esto no aprobamos el pecado, pero sí condenamos la actitud de juicio que muchas veces exhibimos como si fuéramos el estándar de la perfección. A veces, cuando no entendemos cómo Dios tolera esto o aquello, basta con mirar nuestra propia condición y de dónde nos ha sacado Dios y considerar algunos de los pensamientos que hemos tenido y algunas de las cosas que hemos hecho. La realidad es que, cuanto más nos acercamos a Dios, más nos parecemos a Él y con este acercamiento menos aplaudimos lo mal hecho, pero más tolerantes somos con el otro en espera de su arrepentimiento.

En Colosenses 3:12 Pablo nos dice: "Entonces, ustedes como escogidos de Dios, santos y amados, revístanse de tierna compasión, bondad, humildad, mansedumbre y paciencia". Necesitamos hacer eso para ser imitadores de Dios como se nos manda en Efesios 5:1. Por tanto, cuando se sienta tentado a sentir rechazo por la actitud de otro, recuerde que Dios ha tenido una paciencia infinita con usted y su llamado es a imitar a Dios. Pero no olvide que la forma en que Dios mejor cultiva nuestra paciencia es a través de la tribulación, porque en medio de ella Dios forma el carácter de Cristo en nosotros y el carácter de Cristo incluye la paciencia para con otros.

Ahora bien, la única forma en que podemos ver la vida de esta manera es si finalmente abrazamos de una vez y para siempre la idea de que la providencia de Dios orquesta todos los eventos de nuestra vida, grandes y pequeños, buenos y malos. Esto solo se logra poniéndonos los lentes de Dios y viendo la vida por encima del sol. Y resulta que, la Palabra de Dios es el lente divino que nos ayuda a ver y juzgar de otra manera, sabiendo que las cosas no son como pensamos, sino como Dios dice que son. Así se forma en nosotros el carácter de Cristo y se desarrolla la paciencia.

CAPÍTULO 6

CUANDO NUESTRA BENIGNIDAD Y BONDAD REFLEJAN A CRISTO

"Pero el fruto del Espíritu es amor, gozo, paz, paciencia, **benignidad**, **bondad**, fidelidad, mansedumbre, dominio propio; contra tales cosas no
hay ley". (Gá 5:22-23)

Hasta ahora hemos visto el amor, el gozo, la paz y la paciencia como las primeras cuatro virtudes del fruto del Espíritu que Pablo describe en Gálatas 5:22-23. En este capítulo veremos las dos virtudes siguientes traducidas en nuestro idioma como benignidad y bondad. En ocasiones, la palabra "benignidad" es traducida como "gentileza" o "amabilidad" dependiendo de la versión de la Biblia. Estas dos virtudes guardan una estrecha relación y por eso estamos considerándolas en el mismo capítulo. De hecho, a veces estas dos palabras se usan de manera intercambiable en la Biblia. Ambas virtudes contrastan con las obras de la carne mencionadas en Gálatas 5:20, ya que todas esas conductas (enemistades, pleitos, celos, enojos, rivalidades, disensiones y otras) abundan en ausencia de la benignidad y la bondad.

En el capítulo anterior hablamos sobre la paciencia diciendo que la razón principal por la que debemos cultivar la paciencia como parte de nuestro carácter es porque tenemos un llamado recurrente tanto en el Antiguo Testamento como en el Nuevo Testamento a reflejar el carácter de Dios. De hecho, en Efesios 5:1 el apóstol Pablo nos dice: "Sean, pues, imitadores de Dios como hijos amados". La idea aquí es que si somos Sus hijos debemos reflejar las cualidades del Padre celestial de la misma manera que muchos hijos se asemejan a sus padres terrenales, ya sea físicamente o incluso en su comportamiento.

Con esta idea en mente, a medida que desarrollamos este capítulo, tenga presente que la benignidad y la bondad deben caracterizar la vida del creyente porque, como veremos, de esa manera reflejaremos el carácter de Cristo a una generación caracterizada por:

1. la ira expresada verbalmente,
2. la violencia física,
3. el odio,
4. el rechazo,
5. la falta de armonía,
6. el espíritu de condenación e incluso
7. la práctica del *bullying,* conocido también como acoso.

Tanto es así que, nuestras bromas suelen contener parte de ese *bullying,* lo que nos permite ver que el espíritu dañino de la época ha penetrado todos nuestros pensamientos.

Esta generación valora decir la verdad totalmente divorciada del amor; acostumbra a llamar la atención del otro sin la más mínima expresión de gracia, y aprecia la crítica como una manera de sentirse superior a los demás. Nada de eso es compatible con la benignidad y mucho menos con la bondad que hemos sido llamados a reflejar en nuestro trato con otras personas.

¿Qué es la benignidad y la bondad?

Es difícil definir estos dos términos que acabamos de mencionar. Algunos sinónimos de estas palabras son magnanimidad, generosidad, afabilidad y benevolencia; pero la verdad es que sería más fácil caracterizar o ilustrar estas virtudes que tratar de definirlas. En esencia, ambas virtudes transmiten la idea de experimentar "un deseo genuino de reconocer y llenar las necesidades de otros", como dice Jerry Bridges en su libro *The Fruitful Life* [La vida fructífera].[1]

Podríamos concluir que la benignidad, la gentileza o la amabilidad, dependiendo de la traducción de la Biblia que tengamos, representa la expresión externa de la bondad. En otras palabras, la bondad es y la benignidad hace.

Si Dios ha cultivado la bondad en el interior de un corazón por medio de Su Espíritu, es natural que haya una expresión externa de benignidad, gentileza o amabilidad hacia los demás tanto en palabras como en acciones.

1. Jerry Bridges, *The Fruitful Life* (Colorado: NavPress, 2006), p. 116.

Albert Barnes, en su muy conocido comentario, nos dice que la palabra griega *chréstotés*,[2] traducida como benignidad en Gálatas 5:22, "se opone a un temperamento áspero, malhumorado y torcido. [...] es un temperamento apacible, es serenidad de espíritu, es una disposición imperturbable y una disposición a tratar a todos con amabilidad y cortesía".[3] Es decir, la benignidad como fruto del Espíritu corrige el temperamento irritable, endulza las palabras hirientes cargadas de ira y elimina las palabras ofensivas y denigrantes.

Por otro lado, el *Diccionario Bíblico Tyndale* resume la amabilidad (benignidad) como ese "estado del ser que incluye los atributos de afecto amoroso, simpatía, amabilidad, paciencia y bondad. La amabilidad es una cualidad que se muestra en la forma en que una persona habla y actúa. Es más volitiva que emocional".[4] En otras palabras, la benignidad o amabilidad es más un acto de la voluntad que algo emocional, según este diccionario. Esto implica que tenemos que comportarnos de una manera benigna o con amabilidad no solo cuando nos apetece hacerlo, sino cuando entendemos que así debemos comportarnos por ser hijos de Dios. Recuerde que los sentimientos rara vez, si es que alguna vez, preceden a la obediencia.

---

2. *Nueva Concordancia Strong Exhaustiva* (Nashville, TN: Grupo Nelson, 2002), #G5544.

3. Albert Barnes, *Notes on the New Testament: Explanatory and Practical. Vol. VI: II Corinthians and Galatians* (Londres: Blackie & Son Limited, s. a.).

4. Phillip W. Comfort y Walter A. Elwell, *Tyndale Bible Dictionary* (Wheaton, IL: Tyndale House Publishers, 2008).

Por otro lado, la palabra bondad (*agathosune*)[5] es un vocablo que solo aparece en la Biblia; no aparece en el griego secular. Esta virtud es ampliamente atribuida a Dios a lo largo de la revelación bíblica, y es una palabra que hace referencia a algo que es verdadero, hermoso y bueno en calidad y, por tanto, carente de maldad, injusticia o engaño. El Salmo 145:9 dice: "El SEÑOR es bueno para con todos, y su compasión, sobre todas Sus obras".

Aquí no debemos pasar por alto la frase "para con todos". Esta es la frase que deberíamos esperar después de leer la declaración que la precede, "el SEÑOR es bueno". Porque cuando hablamos de la bondad de Dios, nos referimos a algo que Dios es y no simplemente a algo que Él hace. Él es bueno y, por tanto, hace lo que es. Por eso Su bondad se extiende sobre todos. Él es bueno y por eso siempre hace lo bueno. El salmista lo expresó de esta manera: "Tú eres bueno y haces únicamente el bien" (Sal 119:68a, NTV). Entonces, aquellas cosas que en ocasiones calificamos como malas en realidad son buenas desde el punto de vista de la divinidad porque fueron necesarias para el propósito por el cual Dios estaba obrando.

Ahora bien, que Dios sea bueno con todos es aún más impresionante en vista de que vivimos en un mundo de maldad que frecuentemente no reconoce Su existencia, o peor aún, que, a pesar de reconocer Su existencia, con nuestras quejas ponemos de manifiesto que no tenemos gratitud hacia Aquel que ha derramado Su bondad sobre nosotros.

---

5. *Nueva Concordancia Strong Exhaustiva* (Nashville, TN: Grupo Nelson, 2002), #G19.

Razones para cultivar la benignidad y la bondad

Una vez más debemos decir que la razón principal para desear estas virtudes de las que hemos estado hablando es nuestro llamado a reflejar el carácter de Dios de la manera que lo hizo Cristo. Por eso titulamos este capítulo: "Cuando nuestra benignidad y bondad reflejan a Cristo". Debemos desear exhibir tanto la benignidad como la bondad porque de lo contrario estaríamos faltando a nuestro llamado y faltar a nuestro llamado es faltar a Aquel que nos llamó. Y Dios, sabiendo que estas cualidades no están en nosotros de forma natural, inspiró al apóstol Pablo a escribir la carta a los Gálatas y hacernos saber que estas cualidades son el fruto del Espíritu. Dicho de otra forma, son el resultado de la obra del Espíritu Santo en los hijos de Dios. Cuando estas cualidades no terminan de aparecer en nosotros, lo más probable es que hayamos estado resistiendo al Espíritu de Dios.

1. Muchas veces hemos hecho el bien, pero no necesariamente porque seamos buenos. A veces lo hemos hecho de manera interesada porque queríamos obtener algún beneficio.
2. Otras veces hemos hecho el bien porque eso era lo que se esperaba de nosotros, pero no porque queríamos hacer el bien.
3. En ocasiones, el interés ha sido querer impresionar a otros y obtener su aprobación. Aún más, a veces

hemos sido amables simplemente por miedo a las consecuencias.

Sin embargo, la benignidad y la bondad, como fruto del Espíritu, resultan de un cambio en nuestra naturaleza, en nuestra forma de pensar, en nuestra forma de sentir y, por tanto, en nuestra forma de actuar.

El reconocimiento de la bondad de Dios hacia nosotros nos lleva a vivir con gratitud hacia Dios y esa gratitud nos mueve a querer hacer el bien a otros. Para ilustrar la bondad, recordemos la amistad poco común de David y Jonatán; una amistad que podríamos catalogar de única. Eran amigos a nivel del corazón. Cada uno tenía como prioridad el bienestar del otro. Con el tiempo, tanto Jonatán como su padre Saúl murieron en batalla, pero David nunca olvidó la promesa que le hizo a su amigo del alma Jonatán. Esto se evidenció en 2 Samuel donde se relata la siguiente historia:

"Entonces David dijo: '¿Hay todavía alguien que haya quedado de la casa de Saúl, *para que yo le muestre bondad por amor a Jonatán?*'. Y había un siervo de la casa de Saúl que se llamaba Siba, y lo llamaron ante David. Y el rey le dijo: '¿Eres tú Siba?'. 'Su servidor', respondió él. Y el rey le preguntó: *'¿No queda aún alguien de la casa de Saúl a quien yo pueda mostrar la bondad de Dios?*'. Y Siba respondió al rey: 'Aún queda un hijo de Jonatán lisiado de ambos pies'.

'¿Dónde está él?', le preguntó el rey. Y Siba respondió al rey: 'Está en casa de Maquir, hijo de Amiel, en Lodebar'. Entonces el rey David mandó traerlo […]. Y Mefiboset, hijo de Jonatán, hijo de Saúl, vino a David, y cayendo sobre su rostro, se postró. Y David dijo: 'Mefiboset'. 'Su siervo', respondió él. David le dijo: 'No temas, porque ciertamente *te mostraré bondad por amor a tu padre Jonatán,* y te devolveré toda la tierra de tu abuelo Saúl; y tú comerás siempre a mi mesa'. Él se postró de nuevo, y dijo: '¿Quién es su siervo, para que tome en cuenta a un perro muerto como yo?'. Entonces el rey llamó a Siba, siervo de Saúl, y le dijo: 'Todo lo que pertenecía a Saúl y a su casa, lo he dado al nieto de tu señor. Y tú, tus hijos y tus siervos cultivarán la tierra para él, y le llevarás los frutos para que el nieto de tu señor tenga alimento. Sin embargo, Mefiboset, nieto de tu señor, comerá siempre a mi mesa'. Siba tenía quince hijos y veinte siervos". (2 S 9:1-10, énfasis añadido)

¿Notó cuántas veces aparece la palabra "bondad" en el texto? Veamos:

1. "[…] **para que yo le muestre bondad por amor a Jonatán?**" (2 S 9:1b). La bondad brota del amor por el otro. Por eso el Dios que amó tanto al mundo que dio a Su Hijo es bondadoso con todos. El amor y la bondad caminan de la mano.

2. "¿No queda aún alguien de la casa de Saúl a quien yo pueda mostrar la bondad de Dios?" (2 S 9:3a). David quiere hacer algo bueno por el hijo de Jonatán, pero es consciente de que cuando es bondadoso, lo único que está haciendo es ser un instrumento a través del cual fluye la bondad de Dios. De igual manera, cuando no somos bondadosos con los demás, nos hemos negado a ser los instrumentos de Dios para hacer fluir Su bondad hacia otros.

3. "[...] te mostraré bondad por amor a tu padre Jonatán" (2 S 9:7a). Jonatán había muerto, pero no el amor de David por Jonatán. El dicho "ojos que no ven, corazón que no siente" no se aplicó a David y Jonatán. El verdadero amor es una llama difícil de apagar, aun después de la muerte, y la bondad es solo su fruto. Las personas que aman son personas bondadosas.

Por otro lado, para ilustrar la benignidad, recordemos la ocasión en que uno de los descendientes del rey Saúl salió al encuentro de David y comenzó a maldecirlo y a arrojarle piedras. Ante lo sucedido, uno de los siervos de David se airó y dijo: "¿Por qué ha de maldecir este perro muerto a mi señor el rey? Déjeme que vaya ahora y le corte la cabeza" (2 S 16:9). Pero David respondió: "... Déjenlo, que siga maldiciendo, porque el Señor se lo ha dicho. Quizá el Señor mire mi aflicción y me devuelva bien por su maldición de hoy" (2 S 16:11b-12). Este fue un acto de benignidad por parte de David, quien había experimentado en carne propia la bondad con la que Dios lo había tratado. Insultar al rey 3.000 años atrás era como pronunciar una sentencia de muerte sobre uno mismo. Pero David había conocido la bondad de Dios y, por lo tanto, no podía tratar a su enemigo de otra manera que con benignidad. La infinita misericordia de Dios hacia nuestras vidas demanda que seamos bondadosos con los demás, incluyendo nuestros enemigos porque eso era lo que éramos antes de venir a Cristo: enemigos de Dios.

Obstáculos para el crecimiento de la bondad y la benignidad en nosotros

Como acabamos de insinuar, después de haber recibido el amor, la misericordia, la gracia, la bondad y el perdón de Dios, no tenemos justificación para tratar a otros con desdén o desprecio. Si la persona que podría condenarnos con todo el derecho y con toda la razón nos trata con bondad, no tenemos justificación alguna para no hacer lo mismo con los demás.

Volviendo a la benignidad y la bondad, resulta que estas dos virtudes no crecen en un corazón ingrato, porque la gratitud hacia Dios por lo que ha hecho en nosotros es la motivación para actuar con bondad hacia los demás. Ni la benignidad ni la bondad crecen en un corazón egoísta porque ambas están interesadas en el bien del otro y el corazón egoísta solo está interesado en su propio bienestar. El corazón egocéntrico conoce un mundo y es el suyo.

Permítame ahora compartir una historia que ilustra la manera en que vivimos:

"Una mujer esperaba una noche en un aeropuerto a que llegase su hora de embarcar. Entró en la tienda del aeropuerto y escogió un libro, compró una bolsa de galletas y buscó dónde sentarse. Estaba absorta en el libro cuando vio que el hombre que tenía al lado, con todo descaro, sacaba una galleta de la bolsa que estaba entre los dos. Ella simuló no percatarse para evitar una escena. Ella leía, comía las galletas y miraba el reloj, mientras el 'ladrón de galletas' le consumía las provisiones. A medida que pasaban los minutos se irritaba cada vez más, pensando: '¡Si no fuera tan educada, le pondría un ojo morado!'. Por cada galleta que ella sacaba, él sacaba otra. Cuando solo quedó una, se preguntó qué haría él. Con una sonrisa en la cara y una risa nerviosa, el ladrón sacó la última galleta y la partió por la mitad. Le ofreció a ella una parte mientras se comía la otra. Ella se la arrebató mientras pensaba: '¡Ay, hermano, qué descarado es este tipo, y qué grosero, pues no ha mostrado el menor agradecimiento!'. La mujer nunca había sentido tanta rabia, y suspiró aliviada cuando llamaron para embarcar. Recogió sus cosas y fue hacia la puerta negándose a volverse y mirar al 'ingrato ladrón'. Subió al avión y se hundió en su asiento, y buscó el libro, que casi había terminado. Al hurgar en el equipaje, tiró un grito de asombro. ¡Allí, ante sus ojos, estaba su bolsa de galletas! 'Si estas son las mías —ella respiró profundamente—, ¡entonces las otras eran suyas y él trataba de compartirlas!'. Demasiado tarde para disculparse, se percató con tristeza de que: ¡era ella la grosera, la ingrata y la ladrona!".[6]

En la historia, el caballero había sido amable, gentil, generoso y bondadoso. Pero como la señora no contaba con toda la información, llegó a una conclusión errada y pronto descubrió que era ella la que se había comportado de forma ingrata. A veces evaluamos las acciones de los demás y sin tener toda la información juzgamos mal las circunstancias y, por lo tanto, ni siquiera podemos ver el corazón bondadoso del otro que estaba tratando de ser generoso con nosotros.

Un corazón airado tampoco podrá experimentar estas virtudes compasivas. De hecho, la ira es lo opuesto a la amabilidad, la gentileza, la generosidad y la bondad. El corazón airado no puede ser amable, gentil, generoso ni bondadoso. Note cómo la carta a los Efesios nos permite ver esto que acabamos de decir:

"Abandonen toda amargura, ira y enojo, gritos y calumnias, y toda forma de malicia. Más bien, sean

---

6. Valerie Cox, *The Cookie Thief* en *Third Serving of Chicken Soup for the Soul*, ed. Jack Canfield y Mark Victor Hansen (Deerfield Beach, FL: Health Communication, 1996), pp. 199-200.

bondadosos y compasivos unos con otros, y perdónense mutuamente, así como Dios los perdonó a ustedes en Cristo". (Ef 4:31-32, NVI)

En este pasaje, primero hay un llamado a eliminar la amargura, la ira, el enojo y los gritos, y luego hay un llamado a ser bondadosos y compasivos. Lo segundo no puede estar presente sin haber eliminado lo primero. La ira tiene que irse para que la bondad pueda surgir.

La bondad y la benignidad tampoco crecen en un corazón endurecido porque para ser amables, generosos y bondadosos con otros, necesitamos experimentar compasión por la necesidad de ese otro, y solo un corazón sensibilizado por el amor de Dios puede sentir el dolor del otro. En toda la historia bíblica, la persona que mejor ejemplificó la benignidad y la bondad fue obviamente la persona de Jesús, quien siempre puso las necesidades de los demás por encima de las Suyas. Tanto es así que dejó Su gloria para venir a compartir nuestra vergüenza. Cristo modeló la bondad y la benignidad de manera excepcional, pero al mismo tiempo enseñó la necesidad que tenemos de reflejar dichas virtudes.

La benignidad y la bondad como estilo de vida

Cuando el Señor Jesucristo predicó el Sermón del Monte, no traía una nueva enseñanza, más bien estaba enseñando una mejor interpretación de lo ya revelado y un mejor estilo de vida consistente con el fruto del Espíritu en nosotros. Preste atención a Sus palabras en el siguiente pasaje del Evangelio de Mateo:

"Ustedes han oído que se dijo: 'Ama a tu prójimo y odia a tu enemigo'. Pero yo les digo: Amen a sus enemigos y oren por quienes los persiguen, [**Ese es un llamado a la bondad**] para que sean hijos de su Padre que está en el cielo [**Ese es un llamado a imitar a Dios**]. Él hace que salga el sol sobre malos y buenos, y que llueva sobre justos e injustos [**Así luce la verdadera bondad**]. Si ustedes aman solamente a quienes los aman, ¿qué recompensa recibirán? [**Así luce el egoísmo**] ¿Acaso no hacen eso hasta los recaudadores de impuestos? Y, si saludan a sus hermanos solamente, ¿qué de más hacen ustedes? [**Una advertencia contra la bondad falsificada**] ¿Acaso no hacen esto hasta los gentiles? Por tanto, sean perfectos, así como su Padre celestial es perfecto [**Ese es un llamado a reflejar el carácter de Dios**]". (Mt 5:43-48, énfasis y comentarios añadidos)

A la hora de vivir:

- **La persona bondadosa se pone en el lugar del otro, ve y siente las necesidades de ese otro**, como cuando Jesús alimentó espiritualmente a las multitudes hambrientas y luego las alimentó físicamente.

- **La persona bondadosa siente el dolor del otro,** como cuando Jesús sintió el dolor de Marta y María hasta llorar frente a la tumba de Lázaro.

- **La persona bondadosa quiere ayudar al otro,** como cuando Jesús se apareció a los discípulos después de que habían trabajado toda la noche en el lago de Galilea y no habían pescado nada. Les ordenó que tiraran las redes al otro lado y se llenaron tanto de peces que las redes comenzaron a romperse. Jesús fue en su ayuda.

- **La persona bondadosa quiere descargar de peso al que está cargado,** como cuando Jesús invitó a las multitudes a venir a Él, a todos los que estaban cargados y cansados, porque Él les daría descanso.

- **La persona bondadosa está dispuesta a perdonar el pecado del otro,** como cuando Jesús se paró frente a la mujer encontrada en el acto de adulterio y le dijo: "Mujer, ¿dónde están ellos? ¿Ninguno te ha condenado?". "Ninguno, Señor", respondió ella. Entonces Jesús le dijo: "Yo tampoco te condeno. Vete; y desde ahora no peques más" (Jn 8:10-11). O como cuando Jesús ya nos ha perdonado más de setenta veces siete y aún así decide perdonarnos una vez más.

- **La persona bondadosa prefiere ser herida antes que herir al otro,** como cuando Jesús sanó la oreja del soldado que Pedro había cortado en Getsemaní, sabiendo que ese mismo soldado junto con otros lo llevarían a ser interrogado para finalmente ser Jesús el herido en una cruz.

- **La persona bondadosa está dispuesta a ser interrumpida sin airarse,** como aquel día en que Jesús se retiraba con Sus discípulos a descansar y fue interrumpido por una gran multitud a la que hizo sentar en el suelo para darles de comer. A nosotros nos molestan las interrupciones, pero Cristo les daba la bienvenida al verlas como citas que el Padre orquestó para Él. He aquí dos ejemplos:

1. Una mujer que había estado sangrando por doce años **interrumpió** a Jesús cuando estaba hablando con Jairo, el oficial de la sinagoga que acudió a Él porque su hija estaba al borde de la muerte. La mujer tocó el manto de Jesús e interrumpió Su conversación con Jairo. Y Jesús, en vez de enfadarse, se volvió hacia ella y, al verla, le dijo: "Hija, ten ánimo, tu fe te ha sanado". Y al instante la mujer quedó sana (Mt 9:22).

2. Mientras Jesús hablaba con esta mujer, fue **interrumpido** nuevamente por alguien de la casa de

Jairo, quien se acercó a ellos diciendo: "'Tu hija ha muerto; no molestes más al Maestro'. Pero cuando Jesús lo oyó, le respondió: 'No temas; cree solamente, y ella será sanada'" (Lc 8:49-50). Porque la bondad está dispuesta a ser interrumpida sin airarse.

Lo que otros percibieron como una interrupción y una molestia, Jesús lo vio como una oportunidad para ministrar. Esto se debe a que la benignidad y la bondad cambian la forma en que interpretamos los hechos:

1. Una interrupción se convierte en una ocasión para ministrar a otros.
2. Una ofensa es una oportunidad para perdonar.
3. Una molestia se utiliza para descargar los hombros cargados de otros.

Nuestros actos de bondad serán recompensados por Dios

La versión de Lucas del Sermón del Monte, que probablemente sea un sermón predicado en una ocasión diferente a la relatada por Mateo, dice así:

"Antes bien, amen a sus enemigos, y hagan bien, y presten no esperando nada a cambio, y su recompensa será grande, y serán hijos del Altísimo; porque Él es bondadoso para con los ingratos y perversos". (Lc 6:35)

Nuestra bondad hacia otros, especialmente hacia nuestros enemigos, será recompensada. Pero, como hemos dicho antes, la razón principal para exhibir tal comportamiento es que Dios es bondadoso, incluso con los ingratos y perversos. Y cuántos de nosotros no éramos perversos antes de recibir salvación, mas Su bondad vino a nosotros con salvación en medio de nuestra perversidad.

El libro de Proverbios también nos enseña que nuestros actos de bondad serán recompensados cuando dice: "Tu bondad te recompensará, pero tu crueldad te destruirá" (Pr 11:17, NTV). La Nueva Biblia de Las Américas traduce este pasaje de la siguiente manera: "El hombre misericordioso se hace bien a sí mismo, pero el cruel a sí mismo se hace daño" (Pr 11:17). ¿Y cuál es el bien que se está haciendo a sí mismo? Se está preparando para recibir las recompensas que Dios ha prometido para aquellos que actúan con bondad.

Nuestras buenas obras están diseñadas para dar testimonio de la bondad de Dios para que aquellos que no creen, al considerarlas, lleguen a creer y glorifiquen a Dios en el día de la visitación (1 P 2:12). Y si esto último no sucede, nuestras buenas obras serán parte del testimonio contra ellos en el día del juicio, como nos enseña la carta a los Romanos:

"'PERO SI TU ENEMIGO TIENE HAMBRE, DALE DE COMER;
Y SI TIENE SED, DALE DE BEBER, PORQUE HACIENDO

ESTO, CARBONES ENCENDIDOS AMONTONARÁS SOBRE SU CABEZA'. No seas vencido por el mal, sino vence el mal con el bien". (Ro 12:20-21)

Una vez más, nuestro llamado a reflejar el carácter de Dios como lo hizo Cristo es la razón principal para desear la benignidad y la bondad y toda otra virtud que constituye el fruto del Espíritu.

Al concluir este capítulo, hay dos preguntas que debemos hacernos:

1. Si fuéramos Cristo, ¿qué haríamos por el otro?

2. Si el otro fuera Cristo, ¿qué haríamos por él o por ella? Mejor aún, si el otro fuera Cristo, ¿qué no haríamos por Él?[7]

Esta última pregunta es importante porque el Evangelio de Mateo registra las siguientes palabras de Cristo:

"Les digo la verdad, cuando hicieron alguna de estas cosas al más insignificante de estos, mis hermanos, ¡me lo hicieron a mí!". (Mt 25:40, NTV)

Que Dios nos ayude a través de Su Espíritu a reconocer Su bondad infinita en nuestras vidas y a cultivar y reflejar

7. Christopher J. H. Wright, *Cultivating the Fruit of the Spirit* (Downers Grove: InterVarsity Press, 2017), p. 95.

esa bondad y benignidad en medio de una generación torcida y perversa de la misma manera y con la misma gracia que Cristo Jesús lo hizo.

CAPÍTULO 7

CUANDO LA FIDELIDAD ES LA ÚNICA RESPUESTA LÓGICA A UN DIOS FIEL

"Pero el fruto del Espíritu es amor, gozo, paz, paciencia, benignidad, bondad, **fidelidad**, mansedumbre, dominio propio; contra tales cosas no hay ley". (Gá 5:22-23)

Continuamos desempacando el fruto del Espíritu una virtud a la vez. Recordemos que el fruto del Espíritu no es otra cosa que el desarrollo del carácter de Cristo en nosotros por medio de la obra del Espíritu Santo. La meta del Espíritu de Dios es hacernos lucir como Cristo. Pero para lucir como Cristo, necesitamos pensar como Él. Y para pensar como Él, necesitamos una entrega como la Suya.

Ahora bien, para entregarnos a Su manera, necesitamos morir a nosotros mismos de manera que la vida que ahora vivimos, ya no la vivamos nosotros, sino Cristo en nosotros. Para que eso ocurra, necesitamos depender del Espíritu para que Él produzca dicha llenura en nosotros. Una vez llenos, el Espíritu podrá cultivar Su fruto en nuestra vida.

Fidelidad es la virtud que estaremos abordando en esta ocasión. Para ello, necesitamos entender qué es la fidelidad; explorar cómo se cultiva la fidelidad; y conocer las bendiciones de ser fiel. Veamos primero qué es la fidelidad y qué implica.

¿Qué es y qué implica la fidelidad?

Al momento de crear a Adán y Eva, las virtudes que forman parte del fruto del Espíritu debieron estar presentes en ellos, porque la ausencia de alguna de ellas o la presencia de una de ellas en grado deficiente hubiera sido pecado y Dios los creó en perfecta santidad. Lamentablemente, ellos no supieron conservar la pureza de la naturaleza con la que fueron creados.

Nuestros progenitores, Adán y Eva, necesitaban depender del Espíritu de Dios, como lo hizo Cristo en Su paso por la tierra, para mantener su carácter santo; pero no lo hicieron. Y lo que hizo que ellos mancharan su carácter fue un acto de infidelidad. Ambos fueron infieles a lo pactado con Dios. Él les dio el derecho de gobernar toda la tierra y de desarrollarla con una sola prohibición: "del árbol del conocimiento del bien y del mal no comerás, porque el día que de él comas, ciertamente morirás" (Gn 2:17). Su deber a partir de entonces era mantenerse fieles a lo acordado. Lamentablemente, perdieron el foco cuando su mente contempló la posibilidad de mejorar su condición más allá de lo que Dios les había dado.

Adán y Eva rompieron el pacto y desde ese momento cosecharon las consecuencias. De manera que, la desobediencia a Dios es:

- infidelidad,
- deslealtad y
- traición a nuestro Dios.

R. C. Sproul solía llamar a la desobediencia de Adán y Eva una traición cósmica. Si la infidelidad es traición y deslealtad, la fidelidad es todo lo opuesto. La fidelidad es:

- lealtad,
- obediencia,
- confianza,
- integridad,
- honestidad y
- nobleza al costo que sea.

No hay duda de que la fidelidad tiene un alto costo:

- A José le costó la cárcel.
- A Isaías, según la tradición, le costó ser aserrado en dos.
- A Daniel, ser echado en un foso con leones.
- A sus tres amigos, Sadrac, Mesac y Abednego, les costó ser arrojados a un horno de fuego.
- A Esteban, ser apedreado hasta la muerte.

En Apocalipsis 2:10 leemos cómo Cristo exhorta a la iglesia de Esmirna, diciéndoles: "Sé fiel hasta la muerte". La muerte fue el precio que Cristo pagó por ser fiel a la misión que el Padre le había encomendado. La fidelidad tiene un alto costo y por eso muchos prefieren ser infieles a nuestro Dios fiel.

Nuestra meta es ser imitadores de Dios, como se nos manda en Efesios 5:1 y como hemos visto en otros pasajes a lo largo de este libro. Por tanto, nuestras vidas deben ser un espejo de la fidelidad de Dios. "La fidelidad de Dios caracteriza Su lealtad al pueblo de Su pacto y se convierte en un requisito para los hombres que necesitan responder con una lealtad similar en su relación con Dios",[1] afirma el *Evangelical Dictionary of Theology.*

En el Antiguo Testamento, la palabra más importante para trasmitir la idea de fidelidad es "aman", que transmite la idea de "firmeza o estabilidad".[2] En Deuteronomio 7:9 leemos acerca de esa firmeza o estabilidad de la fidelidad de Dios: "Reconoce, pues, que el Señor tu Dios es Dios, el Dios fiel, que guarda Su pacto y Su misericordia hasta mil generaciones con aquellos que lo aman y guardan Sus mandamientos". En este texto, Dios es llamado el Dios fiel y se relaciona Su fidelidad con la firmeza con que Dios guarda Su pacto hasta mil generaciones con aquellos que lo aman. Para Dios fallar a Su Palabra tendría que dejar de ser Dios. Sus promesas son inalterables; por tanto, podemos confiar en ellas.

Si hay algo que la historia de la redención revela de principio a fin es que Dios es fiel. A lo largo de la historia del Antiguo Testamento, Dios se mostró fiel a Israel una y otra vez por cientos de años durante los cuales envió profetas para mantenerlos en el camino o llamarlos al camino. En el Nuevo Testamento, específicamente en Apocalipsis 3:14, a Cristo se le llama "el Testigo fiel" y en Apocalipsis 19:11

---

1. G. M. Burge, "Faithfulness" [Fidelidad] en *Evangelical Dictionary of Theology* [Diccionario Evangélico de Teología], ed. Walter A. Elwell (Grand Rapids: Baker Book House, 1984).

2. *Ibíd.*

se le llama "Fiel y Verdadero". En Hebreos, Cristo es presentado como el modelo de fidelidad que debemos imitar (He 2:17; 3:2; 3:6). Y en 2 Timoteo 2:13, Dios dice que aun cuando seamos infieles (y lo somos), Dios permanece fiel porque no puede negarse a sí mismo. De manera que, la fidelidad es el eje sobre el que gira nuestra relación con Dios. Dios es fiel al pueblo de Su pacto y espera una fidelidad correspondiente de nosotros. Un cristiano caracterizado por la fidelidad es una persona firme o estable en su obediencia a Dios y es una persona leal a los demás.

La fidelidad de Dios hacia nosotros es un acto de gracia y una expresión natural de quién es Él. La fidelidad del cristiano hacia Dios obviamente no es un acto de gracia y tampoco es natural. Por el contrario, la infidelidad es nuestra inclinación natural desde que Adán y Eva comieron del fruto del árbol prohibido. Por tanto, la fidelidad para nosotros es un deber; es una respuesta esperada y lógica cuando consideramos cuán fiel ha sido Dios con nosotros. De hecho, la fidelidad es la única respuesta lógica a un Dios fiel. Ahora bien, dado que la fidelidad en nosotros no es natural, debe desarrollarse como fruto del Espíritu. El salmista lo expresó de esta manera: "Confía en el SEÑOR, y haz el bien; habita en la tierra, y cultiva la fidelidad". Y Dios, conociendo nuestra incapacidad, en Su bondad nos empoderó por medio de Su Espíritu para que podamos demostrar una obediencia firme en nuestro peregrinaje a la gloria.

Cada vez que pecamos, hemos sido infieles a Dios y muchas veces infieles a los hombres. Nuestra inclinación natural es hacia la infidelidad vertical (hacia Dios) y la infidelidad horizontal (hacia los hombres) porque nuestra lealtad natural es con nosotros mismos para preservar nuestra seguridad, el buen nombre, una buena reputación y evitar todo lo que pueda dañarnos. Esto ha sido así desde la antigüedad y lo es aún más en nuestros tiempos donde la tendencia narcisista es tal que incluso el mundo secular la ha catalogado como una epidemia.[3] El ser humano tiene un compromiso inquebrantable de ser leal a sí mismo, a sus deseos y a sus propósitos. Pero con el "yo" vivo es imposible ser fiel a Dios. Por eso Jesús demanda que muramos a nosotros mismos.

La fidelidad requiere una muerte y es la muerte del "yo" en aras de la vida plena o la vida abundante que Cristo compró. Pero lamentablemente, en nuestra forma de pensar y de vivir con frecuencia intercambiamos la vida abundante en Cristo por la vida agonizante en la carne:

- intercambiamos el fruto del Espíritu por las obras de la carne;

- intercambiamos la lealtad a Dios por la lealtad a nosotros mismos.

---

3. Jean M. Twenge y W. Keith Campbel, *The Narcissism Epidemic: Living in the Age of Entitlement* (Nueva York: Atria Books, 2009).

Requisitos para cultivar la fidelidad en nuestra vida

Hasta aquí hemos tratado de definir qué es la fidelidad, especialmente en relación con Dios porque es precisamente Su carácter lo que estamos llamados a reflejar. Veamos ahora los requisitos para cultivar la fidelidad en nuestra vida, y la mejor manera de hacerlo es prestando atención a la forma en que Cristo exhibió esta virtud en Su vida.

En primer lugar, necesitamos una disposición mental. Vemos este requisito ilustrado en la carta de Pablo a los filipenses, donde les dice: "Haya, pues, en ustedes esta actitud que hubo también en Cristo Jesús, el cual, aunque existía en forma de Dios, no consideró el ser igual a Dios como algo a qué aferrarse" (Fil 2:5-6). La actitud mental requerida para desarrollar fidelidad es singularidad de propósito.

Es muy probable que sepa lo que vamos a decir a continuación, pero creemos necesario expresarlo una vez más: fuimos creados para la gloria de Dios y para nada más. Ahora lea atentamente lo siguiente porque esto puede ser nuevo para usted: si vivir para la gloria de Dios es una doctrina firmemente esclarecida y establecida en su vida, pero no la vive, lo único que eso produce es un aumento de su infidelidad y resulta que el siervo que conoce la voluntad de su Señor y no la hace es digno de mayor castigo, como afirmó Cristo en Lucas 12:47. Por tanto, cuanto más entendemos y menos obedecemos, más culpables somos. Asimismo, Jesús reveló la necesidad de poner en práctica lo que conocemos al hacer la siguiente pregunta: "¿Por qué ustedes me llaman: 'Señor, Señor', y no hacen lo que Yo digo?" (Lc 6:46). Reconocer que Jesús es Señor y no vivir bajo Su señorío solo agrava nuestro problema.

Nuestra fidelidad requiere singularidad de propósito porque una mente dividida es un corazón dividido y un corazón dividido es una vida carente de fidelidad. O servimos a Dios de manera singular o no le servimos en absoluto. Dios no se dejará servir de manera compartida. Cristo lo dijo de esta manera: "Ningún siervo puede servir a dos señores, porque o aborrecerá a uno y amará al otro, o se apegará a uno y despreciará al otro. No pueden servir a Dios y a las riquezas" (Lc 16:13).

A continuación, usaremos un tecnicismo, pero lo explicaremos de la forma más clara posible para que sea fácil de entender. La frase, "haya, pues, en ustedes esta actitud que hubo también en Cristo Jesús", está en tiempo presente, en modo imperativo y en voz activa. Eso luce complicado, pero es sumamente sencillo. El hecho de que esta frase esté en tiempo presente nos ayuda a entender que necesitamos tener una actitud o forma de pensar similar a la de Jesús, pero de manera continua; implica que debemos asumir esa forma de pensar de Jesús como un estilo de vida. Por su parte, la voz activa del verbo apunta hacia el hecho de que esta es una decisión personal que requiere un acto de la voluntad. Necesitamos decidir en contra de los deseos de la carne para ser fieles a Dios, obedecer a Dios y glorificar a Dios. No podemos darle a la carne lo que desea, aunque lo desee en grado extremo, lo cual es posible. En cambio, debemos tomar una decisión en nuestra mente. Lo que no decidimos en la mente no sucede en la vida. La mente controla el curso de nuestra vida. Primero desobedecemos en nuestra mente y luego vamos y vivimos lo que la mente ya ha decidido.

Por otro lado, que la forma verbal esté en modo imperativo implica que no se trata simplemente de una sugerencia, sino de un mandato. Sin esa actitud mental no habrá obediencia y sin obediencia no hay fidelidad. La mente necesita estar puesta en las cosas de arriba para tener singularidad de propósito. En un momento dado, Jesús reprendió a Pedro por pensar en las cosas de los hombres y no en las cosas de Dios. Luego, leemos acerca de la infidelidad de Pedro al negar a Cristo. Una mente dividida es una mente desleal.

En segundo lugar, cultivar la fidelidad requiere una renuncia de la misma manera que Cristo renunció momentáneamente a Su gloria para cumplir el propósito de Dios. En Su encarnación, Cristo se despojó voluntariamente de:

- Su condición como Creador y vino a ser una criatura.
- Su señorío y vino a obedecer.
- Sus derechos y prerrogativas y vino a vivir como si no los tuviera.
- La adoración de los ángeles para ser maldecido por los hombres.
- Su gloria para vestirse de la vergüenza de los hombres.

Hasta que nos vaciemos por completo de todas las ideas preconcebidas sobre lo importante que somos, las posiciones que debiéramos ocupar y que aún no estamos ocupando, las disculpas que nos deben los demás por las ofensas cometidas en nuestra contra y los estilos de vida que creemos merecer, seguiremos siendo desleales a Dios para conseguirlos y, por tanto, no podremos cultivar la fidelidad. La fidelidad requiere de una disposición mental y de un ejercicio de la voluntad. O nos despojamos de todas y cada una de estas cosas o Dios tendrá que hacerlo.

En tercer lugar, cultivar la fidelidad requiere abrazar una vida de siervo como lo hizo Cristo, que primero se hizo hombre y luego se hizo siervo. Existimos para servir a Dios, pero la única manera de servir a Dios es sirviendo a los hombres. Si los demás no pueden vernos como siervos, estamos faltando a nuestro llamado, y cuando faltamos a nuestro llamado, faltamos a Aquel que nos llamó y eso sería infidelidad de nuestra parte.

Cuando el profeta Daniel sirvió como la mano derecha del rey Nabucodonosor, su vida fue un ejemplo de lo que significa ser un siervo fiel. De Daniel se dice que tenía un espíritu extraordinario. Pero ¿cuál fue la razón? Esta pregunta es importante porque necesitamos cultivar esa misma fidelidad en nuestras vidas. En resumen:

- Daniel era un hombre íntegro en su trabajo.
- Era un hombre confiable, de quien se podía depender completamente.

- Daniel honró su palabra a la hora de servir. Su sí era sí y su no era no.
- Daniel exhibió esas características durante un largo período de tiempo (unos setenta años). Sirvió fielmente bajo Nabucodonosor, Baltasar, Darío, Ciro y otros dos o tres reyes que no se mencionan en su libro.
- Daniel estuvo dispuesto a pagar el precio de su fidelidad.
- Daniel sabía rendir cuentas y, en efecto, quería rendir cuentas.

Daniel es uno de esos pocos que oirá: "Bien, siervo bueno y fiel; en lo poco fuiste fiel, sobre mucho te pondré; entra en el gozo de tu Señor" (Mt 25:21).

Implicaciones de la fidelidad a Dios

Para empezar, *ser fiel implica creerle a Dios a pesar de las consecuencias* como lo hicieron los mártires en el pasado, y a esto aludimos cuando mencionamos que la fidelidad tiene un alto costo. Asimismo, *ser fiel implica creerle a Dios aun cuando no hay evidencias.* Es por eso que Hebreos 11:7 dice que Noé preparó un arca después de que Dios le indicó que lo hiciera a pesar de que no había evidencia de que llovería, ya que nunca había llovido. Eso es fidelidad. Para Noé, la evidencia de que sería así era simplemente que Dios lo había dicho.

Por otro lado, *ser fiel implica que ofrecemos a Dios lo mejor de nuestra vida en adoración,* tal como lo hizo Abel cuando ofreció a Dios la grosura de sus primogénitos (He 11:4). A su vez, *ser fiel implica dejar lo familiar y lo seguro cuando Dios lo requiere,* como lo hizo Abraham que dejó su tierra y su parentela a la voz de Dios. Además, *ser fiel implica estar dispuesto a ser maltratado con el pueblo de Dios antes que disfrutar de los placeres de este mundo* como lo hizo Moisés. En Hebreos 11:26 se nos dice que Moisés "consideró como mayores riquezas el oprobio de Cristo que los tesoros de Egipto, porque tenía la mirada puesta en la recompensa".

Finalmente, *ser fiel implica caminar con Dios en obediencia por un largo tiempo* como lo hizo Enoc al punto que Dios se lo llevó sin haber visto la muerte.

Las bendiciones de la fidelidad

Para concluir, ahora veamos cuáles son las bendiciones de la fidelidad.

1. La persona fiel es llevada por Dios a manejar grandes riquezas espirituales y a veces hasta materiales.

"El que es fiel en lo muy poco, es fiel también en lo mucho; y el que es injusto en lo muy poco, también es injusto en lo mucho. Por tanto, si no han sido fieles en el uso de las riquezas injustas, ¿quién les confiará las riquezas verdaderas? Y si no han sido fieles en el uso de lo ajeno, ¿quién les dará lo que es de ustedes?". (Lc 16:10-12)

Dios mira cómo manejamos las cosas terrenales; cómo manejamos el tiempo, las oportunidades, las relaciones, los dones y talentos, y cuando nos encuentra infieles, decide restringir algunas de Sus bendiciones, porque si fuimos infieles en lo poco y en lo terrenal, nunca seremos fieles en lo mucho y en lo celestial. Por eso Pablo dijo: "… lo que se requiere además de los administradores es que cada uno sea hallado fiel" (1 Co 4:2).

La fidelidad es un requisito para caminar con Dios y no solo algo deseable. La fidelidad es una decisión diaria y una lucha continua contra los deseos de la carne, las asechanzas de Satanás y las influencias del mundo. Pero de una cosa podemos estar seguros: la fidelidad a Dios es recompensada. He aquí algunos ejemplos bíblicos:

- Como consecuencia de su fidelidad, Dios le dio un hijo a **Abraham** a la edad de cien años, cuando ya había perdido toda esperanza. La fidelidad es recompensada al poder ver las promesas de Dios hechas realidad.
- Como resultado de la fidelidad de **José** a los propósitos de Dios, toda la nación de Israel fue salva y hasta el día de hoy todavía existe.
- Dios le prometió a **Josué** que tendría éxito en todos sus caminos a cambio de su fidelidad a la palabra de

Dios, la cual debía cumplir sin desviarse a la derecha ni a la izquierda. Josué así lo hizo y Dios así lo recompensó.

- Como consecuencia de Su fidelidad, a **Cristo** se le confirió el nombre que es sobre todo nombre, para que al nombre de Jesús se doble toda rodilla y toda lengua confiese que Jesucristo es Señor.

La fidelidad tiene un costo, pero también viene con grandes bendiciones. Proverbios 28:20 dice que "el hombre fiel abundará en bendiciones", y eso es precisamente lo que estamos viendo en este momento, las bendiciones de la fidelidad.

2. La persona fiel puede contar con la protección especial de Dios.

El Salmo 31:23 nos recuerda que "el Señor preserva a los fieles". Dios defiende y protege a quien le es fiel. Él protegió a José en la cárcel; defendió a Moisés de las acusaciones de su hermano, Aarón, y su hermana, Miriam; protegió a Josué durante la conquista de la tierra prometida; y protegió a Daniel durante cinco o seis reinados distintos. Así lo ha hecho y lo hará con todos los fieles hasta que Sus propósitos sean cumplidos.

3. Los fieles tienen la capacidad de deleitar a Dios.

Es increíble que la criatura pueda deleitar al Creador. Pero eso es lo que Proverbios 12:22 dice, que "los que obran fielmente son Su deleite". Tenemos la capacidad de desagradar a Dios, de deshonrar Su nombre, de manchar Su causa y de dañar Su Iglesia. Pero también tenemos la capacidad, empoderados por el Espíritu Santo, de deleitar a Dios. La fidelidad deleita a Dios, pero beneficia al que es fiel.

El Señor se deleita tanto en la fidelidad que el Salmo 101:6 dice: "Mis ojos estarán sobre los fieles de la tierra, para que moren conmigo; el que anda en camino de integridad me servirá". Unos sirven solo al pueblo, pero otros, además de servir al pueblo, servirán a Dios.

4. Las personas fieles experimentan Su gozo porque Dios comparte Su deleite con ellos.

Así es como funciona: nuestra fidelidad deleita a Dios y Dios nos deleita en Él. No puede haber gozo en nuestra infidelidad; eso sería una contradicción. Todo lo que Dios es y posee lo ha compartido con nosotros, incluyendo a Su Hijo y todo Su reino. Entonces, si somos Su deleite, cuando Él se deleite compartirá Su deleite con nosotros y eso resultará en nuestro gozo.

Conclusión

Ser fiel a Dios implica un compromiso firme, de larga duración, por toda la vida, de ser confiable en las cosas de Dios en esta vida… en todos los ámbitos.[4] En *Ser como Jesús:*

---

4. Christopher J. H. Wright, *Ser como Jesús: Cómo cultivar el fruto del Espíritu* (Lima, Perú: Ediciones PUMA, 2021).

Cómo cultivar el fruto del Espíritu, Christopher Wright escribe: "La fidelidad implica que conoces lo que realmente crees, a quién realmente amas y con qué estás comprometido en última instancia. La fidelidad significa estar seguro de para qué quieres vivir y por qué estás dispuesto a morir".[5]

Ahora bien, necesitamos estar consciente de que nuestra fidelidad no será recompensada debidamente de este lado de la eternidad. Para ilustrar, permítame contarle una historia real:

"Una pareja de ancianos misioneros había estado trabajando en África durante años y regresaban a la ciudad de Nueva York para jubilarse. No tenían pensión; su salud estaba quebrantada; estaban derrotados, desalentados y asustados. Descubrieron que tenían reservas de viaje en el mismo barco que el presidente Teddy Roosevelt, quien regresaba de una de sus expediciones de caza mayor. Nadie les prestó mucha atención. Vieron la fanfarria que acompañó a la comitiva del presidente, con pasajeros tratando de vislumbrar al gran hombre.

"Mientras el barco avanzaba por el océano, el anciano misionero le dijo a su esposa: 'Algo anda mal. ¿Por qué deberíamos haber dado nuestras vidas en servicio fiel a Dios en África durante todos estos años y no tener a nadie que se preocupe por nosotros? Aquí este hombre regresa de un viaje de cacería y todo el mundo hace mucho por él, pero a nadie le importamos un bledo'. 'Querido, no deberías sentirte así', dijo su esposa. 'No puedo evitarlo; no me parece bien'.

"Cuando el barco atracó en Nueva York, una banda esperaba para saludar al presidente. El alcalde y otros dignatarios estaban allí. Los periódicos estaban llenos de la llegada del presidente, pero nadie se dio cuenta de esta pareja de misioneros. Se escabulleron del barco y encontraron un apartamento barato en el lado este, con la esperanza de ver al día siguiente qué podían hacer para ganarse la vida en la ciudad.

"Esa noche, el espíritu del hombre se quebró. Le dijo a su esposa: 'No puedo con esto; Dios no nos está tratando justamente'. Su esposa respondió: '¿Por qué no vas al dormitorio y le dices eso al Señor?'. Poco tiempo después salió del dormitorio, pero ahora su rostro era completamente diferente. Su esposa preguntó: 'Querido, ¿qué pasó?'. 'El Señor lo arregló conmigo', dijo. 'Le dije lo amargado que estaba de que el presidente recibiera este tremendo regreso a casa, cuando nadie nos recibió cuando regresábamos a casa. Y cuando terminé, parecía como si el Señor hubiese puesto Su mano sobre mi hombro y simplemente dijera: "¡Pero aún no has llegado a casa!"'".[6]

---

6. Ray Stedman, adaptado de *Talking to My Father*, Our Daily Bread Ministries, 2017), Loc 295, versión Kindle.

Grande será nuestra recompensa cuando lleguemos a casa de aquel lado de la eternidad. Solo debemos ser fieles hasta la muerte. Esa es la promesa que tenemos en Cristo Jesús: "Sé fiel hasta la muerte, y Yo te daré la corona de la vida" (Ap 2:10b).

CAPÍTULO 8

CUANDO LA MANSEDUMBRE NO ES UNA OPCIÓN, SINO UNA OBLIGACIÓN

"Pero el fruto del Espíritu es amor, gozo, paz, paciencia, benignidad, bondad, fidelidad, **mansedumbre**, dominio propio; contra tales cosas no hay ley". (Gá 5:22-23)

Si alguien le preguntara cuál fue la virtud que Cristo quiso destacar de Su carácter para que le imitáramos, ¿cuál diría usted que es esa virtud? Es posible que algunos hagan referencia al amor, otros a Su compasión, muchos incluso pudieran apuntar a Su fidelidad o quizás a Su santidad o Su obediencia al Padre. Y todas estas son buenas respuestas, sin embargo, en mi opinión, Cristo, como hombre, quiso enfatizar la mansedumbre y la humildad por encima de cualquier otra, sabiendo que donde están presentes estas virtudes, allí pueden crecer todas las demás. Además, Cristo era consciente de que ninguna de estas dos cualidades es normalmente deseada por la criatura.

Jerry Bridges, en su libro, *The Fruitful Life* [La vida fructífera], inicia el capítulo acerca de la mansedumbre con las siguientes palabras:

"Oramos por paciencia, oramos por amor, oramos por pureza y dominio propio. Pero ¿quién de nosotros ora alguna vez por la gracia de la mansedumbre?

Escribiendo en el año 1839, George Bethune dijo: 'Quizás ninguna gracia sea menos orada o cultivada que la mansedumbre. De hecho, [la mansedumbre] se considera más bien como perteneciente a la disposición natural [de los seres humanos] a los modales externos, más que como una virtud cristiana; y rara vez consideramos que no ser manso es pecado'".[1]

¿Alguna vez ha pensado…

• que la ausencia de mansedumbre en nosotros es un pecado?
• que es algo que deshonra el evangelio?
• que es algo que da una mala reputación a la fe cristiana?

Lo triste es que "la actitud cristiana hacia la mansedumbre no parece haber cambiado en más de 160 años desde que Bethune escribió esas palabras",[2] comenta Bridges en su libro. Esta es una gran verdad. Y si es así, tenemos que preguntarnos cuál es la razón por la que no pedimos mansedumbre.

Lamentablemente, no estamos interesados en ser mansos, y cuando leemos acerca de la mansedumbre ni siquiera recibimos convicción de que no lo somos. Sin embargo, para Cristo, ser manso y humilde es una condición *sine qua non*

---

1. Jerry Bridges, *The Fruitful Life* (Colorado: NavPress, 2006), p. 185, versión Kindle.
2. *Ibíd.*

(una condición esencial, de carácter obligatorio) de la vida cristiana. Tanto es así, que en el Evangelio de Mateo nos dejó esta exhortación: "Vengan a Mí, todos los que están cansados y cargados, y Yo los haré descansar. Tomen Mi yugo sobre ustedes y aprendan de Mí, que Yo soy manso y humilde de corazón, y hallarán descanso para sus almas" (Mt 11:28-29).

Su mansedumbre era atractiva y por eso la gente se acercaba a Él con facilidad, y en Su presencia multitudes e individuos se sentían descansados. Una vez comenzaban a conversar con Cristo, les era difícil despegarse de Él. Había una especie de magnetismo en Su personalidad y sin duda la humildad y la mansedumbre eran parte de ese poder de atracción que lo caracterizaba.

Cristo tendría Sus propias razones para dejarnos las palabras que leemos en Mateo 11:28-29, pero indudablemente había algo acerca de Su carácter manso y humilde que quería que aprendiéramos, no solo en términos de teoría, sino también en la práctica. Por eso nos llamó a aprender esas virtudes de Su propia persona. Para el cristiano, la mansedumbre no es una opción, sino una obligación.

¿Qué es la mansedumbre?

En el idioma original, la palabra mansedumbre es *praútes*.[3] Esta es una palabra que no es tan fácil de definir porque

---

3. *Nueva Concordancia Strong Exhaustiva* (Nashville, TN: Grupo Nelson, 2002), #G4240.

está muy relacionada con la paciencia, la benignidad y la bondad, virtudes que ya hemos tratado en capítulos anteriores. De hecho, en cierta forma es una palabra que guarda relación con el dominio propio, la novena y última virtud del fruto del Espíritu, porque sin dominio propio no hay mansedumbre.

La palabra mansedumbre en el griego antiguo se usaba para referirse a un animal que había sido domesticado. De manera que, un cristiano manso es un creyente que tiene todas sus emociones, todos sus impulsos y todos sus instintos bajo control. En pocas palabras, es alguien que tiene dominio propio. Sin embargo, cuando pensamos en alguien manso con frecuencia pensamos en alguien débil, sin fortaleza, sin hombría. Pero en realidad es todo lo contrario.

La mansedumbre, al igual que la humildad, se define como poder bajo control. Recuerde que unas líneas antes dijimos que la palabra "mansedumbre" se usaba en el griego para referirse a un animal que había sido domesticado. Cuando alguien toma un caballo y lo doma, ese caballo todavía tiene mucha fortaleza, pero su fortaleza ahora estará bajo el control de su amo. De la misma forma, el cristiano que ha sido conquistado por Dios permanece con su fortaleza e impulsos, pero ahora deben estar bajo la influencia del Espíritu Santo para complacer a su amo que es Cristo.

Un cristiano manso no es rencoroso, ni vengativo, ni está a la defensiva. Cuando fueron a arrestar a Cristo en el huerto de Getsemaní, Él tenía a Su disposición todo el poder del universo, pero en todo momento permaneció en calma; no se vengó ni se defendió. Tenía todo el poder, pero lo tenía bajo control. Y la razón por la que permaneció en paz fue su misión: vino a obedecer la voluntad del Padre. Asimismo, un cristiano manso bajo el control del Espíritu es una persona que no resiste el sometimiento a la Palabra de Dios y a las expectativas de la vida cristiana.

Cristo nos llama a ser mansos y humildes, dos virtudes que son dos caras de una misma moneda. No se pueden separar, ya que una no puede existir sin la otra. La humildad es algo interno; tiene mucho que ver con nuestra actitud interior, que tiene que ver con la manera cómo nos vemos a nosotros mismos y a los demás. En cambio la mansedumbre es algo externo relacionado a la forma como tratamos a los demás y con nuestras formas de hablar y reaccionar hacia ellos. A manera de ilustración, las personas que han acumulado mucha ira en su proceso de desarrollo no suelen ser mansas, ya que la mansedumbre requiere una ausencia de ira en nosotros. Al mismo tiempo, la ira usualmente crece en el terreno del orgullo. Las personas orgullosas tienden a acumular mucha ira y, por lo tanto, no podrían ser descritas como mansas. Cuando el orgullo permanece en silencio no se debe a una mansedumbre presente en la persona, sino a un temor subyacente.

Como Cristo es nuestro modelo y Él nos mandó a ser como Él, podemos observar Su comportamiento para imitarlo. Recuerde que el Señor dijo: "Aprendan de Mí, que Yo soy manso y humilde de corazón". Nunca podemos separar la mansedumbre de la humildad. La mansedumbre y la humildad forman una pareja donde la mansedumbre es la expresión externa de la humildad de corazón.

La Palabra de Dios nos manda a vestirnos de humildad, a caminar en humildad y a evitar toda falsa humildad. Cuando nos vestimos, nuestra vestimenta cubre nuestras zonas más privadas. De esa misma forma, cuando nos vestimos de verdadera humildad, esa humildad cubre las áreas más débiles de nuestro carácter. Otros estarán más dispuestos a tolerar nuestras debilidades si tenemos un espíritu humilde. En otras palabras, seremos más o menos tolerantes con el otro dependiendo del grado de humildad que ese otro exhiba en su vida diaria. Y lo mismo ocurre con Dios porque la Palabra dice en Santiago 4:6 y 1 Pedro 5:5 que Dios da gracia al humilde, pero se opone al orgulloso. Dicho en otras palabras, el orgullo pone a Dios en contra de nosotros.

¿Cómo se forman la humildad y la mansedumbre?

Los autores del libro *El fruto del Espíritu: Conviértase en la persona que Dios quiere que sea*, escriben:

> "Si desea crecer en amabilidad, la televisión no es un buen escenario a imitar, ya que la programación actual está llena de personas gritando, blasfemando y amenazando a los familiares u otros relacionados. En efecto,

la televisión puede ser el principal contribuyente a la excesiva hostilidad que vemos y de la que leemos".[4]

Ni la humildad o la mansedumbre se cultivan viendo la televisión o leyendo las redes sociales. Durante esta pandemia reciente, lo menos que vimos en las redes sociales fue mansedumbre. Es como si la pandemia hubiese abonado con creces la violencia de palabras o quizás no la abonó, sino que simplemente la reveló.

En realidad, la humildad y la mansedumbre se forman de manera similar, pasando por situaciones difíciles en la vida donde Dios nos permite ver:

- la profundidad de nuestro pecado;
- nuestra incapacidad de ser un buen ejemplo para otros, a menos que estemos llenos del Espíritu;
- nuestro espíritu de condenación hacia aquellos que cometen incluso los mismos pecados que nosotros hemos cometido;
- cuán poco sabemos de aquellas cosas de las que creíamos saberlo todo, y
- cuán ciegos habíamos estado a nuestro propio pecado.

Hasta que admitamos la profundidad de nuestra depravación humana, nunca desarrollaremos humildad y

---

4. Thomas E. Trask y Wayde I. Goodall, *El fruto del Espíritu: Conviértase en la persona que Dios quiere que sea* (Miami, FL: Vida, 2001), p. 248, versión Kindle.

mansedumbre en nosotros mismos. La humildad nos quita el velo para ver lo que el orgullo no nos permitía ver.

Cuando conocemos a fondo la naturaleza pecaminosa del hombre que mora en nosotros y cuando nos colocamos al lado de Cristo, vemos cuánto nos falta todavía para llegar a la meta. Y cuando comparamos nuestro caminar con Su estándar de perfección, vemos cuán lejos estamos y eso nos ayuda a ser humildes. Por eso Pablo, inspirado por el Espíritu, dijo: "Porque no nos atrevemos a contarnos ni a compararnos con algunos que se alaban a sí mismos. Pero ellos, midiéndose a sí mismos y comparándose consigo mismos, carecen de entendimiento" (2 Co 10:12). Cuando el hombre se mide a sí mismo por su propio estándar y se compara consigo mismo, eso no es sabio porque no lleva a la humildad y sin humildad no hay mansedumbre. Cuando el hombre se compara con otro hombre, eso tampoco conduce a la humildad. Es la comparación con Cristo lo que nos empequeñece y nos permite vernos como realmente somos.

En varios diccionarios, la ira aparece como el antónimo número uno de la mansedumbre. Como persona mansa, Jesús nunca se airó por nada que se dijera contra Él o sobre Su persona; pero se enojó cuando se violó la santidad de Dios. De modo que, la persona mansa tiene la capacidad de enojarse con las cosas que enojan a Dios, pero no se enoja cuando lo que se dice es contra su persona. Así lo hizo el Señor cuando lo llamaron bebedor y glotón. La mansedumbre rehúsa sacar su artillería cuando está bajo ataque porque entiende que su labor principal no es defenderse a sí misma, sino reflejar a Cristo. Por otro lado, también podemos decir que la mansedumbre es el antónimo de la ira, la rebelión, la dureza de carácter, y la aspereza al hablar.

Anteriormente citamos al Señor Jesucristo, quien dijo: "Aprendan de Mí, que Yo soy manso y humilde de corazón". En esta frase, las palabras manso y humilde son usadas por Cristo en el mismo contexto y, en realidad, ambas también representan las dos caras de la misma moneda.

El Antiguo Testamento profetiza acerca de la venida de Cristo e incluso profetiza acerca del carácter del Mesías que habría de venir. Note cómo el profeta Isaías describió el carácter manso del Cristo que hoy conocemos:

"Este es Mi Siervo, a quien Yo sostengo, Mi escogido, en quien Mi alma se complace. He puesto Mi Espíritu sobre Él; Él traerá justicia a las naciones. No clamará ni alzará Su voz, ni hará oír Su voz en la calle. No quebrará la caña cascada, ni apagará la mecha que casi no arde; con fidelidad traerá justicia". (Is 42:1-3)

Isaías anuncia que el Mesías que habría de venir no levantaría su voz como "los Putin" de la tierra; el Señor Jesús no traería Su reino como los dictadores de las naciones, ni levantaría Su voz para llamar la atención sobre Sí mismo. La persona mansa tampoco lo hace de esa manera. Por eso el texto de Isaías dice: "No clamará ni alzará Su voz, ni hará oír Su voz en la calle."

Ahora observe cómo el profeta Isaías describe la manera en que Jesús abordaría a las personas que estaban heridas o quebrantadas: "No quebrará la caña cascada". Esto nos hace pensar en Su encuentro con la mujer samaritana. Una mujer que había tenido cinco maridos que probablemente la habían dejado herida y maltratada, y que en ese momento vivía con otro hombre de quien posiblemente tampoco estaba recibiendo el trato que merece una mujer portadora de la imagen de Dios. Y en vez de hundirla, Cristo le ofrece agua viva para su salvación. ¡Eso es mansedumbre! Esa mujer terminó creyendo, y por su testimonio, muchos fueron los que creyeron. El hombre manso trata a los demás mejor de lo que se merecen porque sabe que él mismo ha sido tratado de la misma manera por Dios.

En la segunda mitad del versículo 3 del capítulo 42, Isaías agrega: "Ni apagará la mecha que casi no arde". Esta frase trae a la mente a la mujer que fue sorprendida en el acto de adulterio. Cuando Cristo pidió a los que la iban a apedrear que el que estuviera limpio de culpa tirara la primera piedra, todos se alejaron uno a uno. Entonces Cristo preguntó a la mujer: "'Mujer, ¿dónde están ellos? ¿Ninguno te ha condenado?'. 'Ninguno, Señor', respondió ella. Entonces Jesús le dijo: 'Yo tampoco te condeno. Vete; y desde ahora no peques más'" (Ver Jn 8:1-11). Esa mujer era como una mecha que estaba a punto de apagarse, pero Jesús no terminó de apagarla, sino que le ofreció encenderla con el perdón de pecados. ¡Eso es mansedumbre! El hombre manso no trata de destruir al otro, sino de sanarlo y restaurarlo. Cuando

Cristo caminó sobre la tierra, no vino a golpear a los hombres, sino a recibir sobre Su espalda los golpes que nosotros merecíamos por nuestros pecados.

Lucas 4 relata la ocasión en que Jesús predicó en una sinagoga de Nazaret. Cuando terminó, los que lo escuchaban estaban tan confrontados que se llenaron de ira y querían arrojar a Jesús desde la cima del monte sobre el cual estaba asentada la ciudad. Y Jesús, con todo el poder del universo, en lugar de actuar físicamente, permaneció en silencio, pasó por en medio de ellos y se fue. ¡Eso es mansedumbre! La mansedumbre es similar a la humildad y, por tanto, puede describirse como poder bajo control, como ya hemos mencionado.

Ahora bien, no confundamos mansedumbre con debilidad, flojera o cobardía. Chuck Swindoll hace referencia a esto en su libro *Desafío a servir*:

"A causa de nuestro individualismo rudo y áspero, pensamos que la mansedumbre es debilidad, ser suaves y virtualmente débiles de carácter. ¡No es así! El término griego es sumamente colorido, y nos ayuda a entender correctamente por qué el Señor ve la necesidad de que los siervos sean mansos [...]. De las palabras cuidadosamente escogidas que suavizan las emociones fuertes se dice que son palabras "mansas" o "suaves". Al ungüento que quita la fiebre y saca el aguijón de una herida se lo llama "manso" o "suave". En una de las obras de Platón, un niño le pide al médico que sea tierno al tratarlo. El niño usa el adjetivo "manso". De las personas que son corteses, que tienen tacto y tratan a los demás con dignidad y respeto se dice que son personas "mansas" o "suaves". Así que, entonces, la mansedumbre incluye cualidades tan envidiables como controlar la fuerza, ser uno calmado y pacífico cuando está rodeado de una atmósfera acalorada, producir un efecto suavizante sobre aquellos que puedan estar airados o fuera de sí, y poseer tacto y una bondadosa cortesía que haga que otros retengan su propia estima y dignidad".[5]

Estas palabras de Swindoll describen a Cristo. La mansedumbre más bien mantiene bajo control toda su fortaleza y solo hace uso de ella cuando la acción enérgica lo requiere, tal como lo demostró Cristo el día que limpió el templo de los cambistas que lo profanaban. Aquel día, Cristo volcó las mesas y echó fuera a todos los que habían estado haciendo negocios en la casa de Su Padre. En esa ocasión, Cristo no perdió los estribos; más bien se apoyó en ellos para hacer uso de Su poder.

En Su primera venida, Cristo actuó como el Cordero y no como el León que es. Observe nuevamente cómo el profeta Isaías describe la mansedumbre del Cordero de Dios: "Fue oprimido y afligido, pero no abrió Su boca. Como cordero que es llevado al matadero, y como oveja que ante sus trasquiladores permanece muda, Él no abrió Su boca"

---

5. Charles R. Swindoll, *Desafío a servir* (Nashville, TN: Editorial Caribe, 1983), p. 102.

(Is 53:7). ¡Eso es mansedumbre! Ya en Su segunda venida tendrá ocasión de abrir Su boca y rugir como un león.

La máxima expresión de mansedumbre de parte de Cristo fue demostrada en Sus últimas horas de vida. Veamos:

- **En Getsemaní,** mientras Pedro mostró su ira al cortarle la oreja al soldado, Cristo demostró cómo luce la mansedumbre tocando la herida y restaurando la oreja del soldado. La ira corta, la mansedumbre sana. La mansedumbre se preocupa por cómo se siente el otro y por eso no quiere herir al otro ni siquiera con palabras, mucho menos con acciones violentas. En Getsemaní Cristo vivía ya las últimas horas de Su vida y aun en ese final se mantuvo manso y humilde.

- **Ante Pilato,** Cristo pudo haber respondido de una manera que ofendiera la autoridad de Pilato, pero prefirió guardar silencio teniendo no solo la autoridad sobre todo el universo, sino también todo el poder. Recuerde que la mansedumbre mantiene su poder bajo control y por lo tanto puede actuar lógicamente incluso bajo circunstancias de estrés emocional.

- **En la cruz,** Jesús mostró la máxima expresión de mansedumbre al pedir al Padre que perdonara a quienes lo crucificaron. Cuando lo que correspondía era haber hecho uso de Su poder para destruirlos a todos y bajarse de la cruz. Pero Cristo no hizo eso.

La mansedumbre requiere de un gran espíritu de valentía porque es la cobardía y el temor lo que nos hace reaccionar con ira, como el perro que ladra cuando se siente en peligro. La valentía tiene la capacidad de permanecer pasiva y en control de sus emociones en beneficio del otro.

La necesidad de la mansedumbre

Hasta ahora hemos tratado de definir e ilustrar la mansedumbre que todo creyente está llamado a exhibir como parte del fruto del Espíritu. Pensemos ahora un poco en la necesidad de la mansedumbre en el plano práctico de la vida cotidiana.

Primero, la mansedumbre es necesaria para actuar lógicamente. Cuando la mansedumbre no está presente perdemos los estribos, la razón, la estabilidad emocional y perdemos de vista la dignidad del otro. Olvidamos que nos han dejado aquí abajo para representar y reflejar a Cristo. La mansedumbre en el cristiano no es una opción, es una obligación. Para Pablo, entre las cualidades más necesarias de un cristiano están: la humildad, la mansedumbre, la paciencia y el amor. Por eso, en la carta a los Efesios, exhorta a los creyentes diciendo:

"Yo, pues, prisionero del Señor, les ruego que ustedes vivan de una manera digna de la vocación con que han sido llamados. Que vivan con toda humildad y mansedumbre, con paciencia, soportándose unos a otros en amor, esforzándose por preservar la unidad del Espíritu en el vínculo de la paz". (Ef 4:1-3)

Si continúa leyendo la carta a los Efesios, se percatará de que la mansedumbre es necesaria para mantener la unidad. La persona que no es mansa es rencillosa, defensiva, argumentativa, divisiva y rencorosa. Y en esas condiciones es imposible vivir en paz o en unidad.

Segundo, la mansedumbre es necesaria para vivir en paz. Podemos ser humildes ante Dios, pero donde Dios prueba nuestra mansedumbre no es ante Su trono, sino ante los hombres porque la mansedumbre tiene que ver con el trato que damos a los demás.

Tercero, la mansedumbre es un requisito indispensable para vivir una vida digna de nuestro llamado. De manera que, sin mansedumbre no podemos honrar a Cristo, no podemos reflejar Su carácter, no podemos complacer al Padre, ni siquiera podemos llamarnos cristianos, o quizás podamos, pero sería incongruente.

Cuarto, la mansedumbre es necesaria para corregir y restaurar al hermano. En Gálatas 6:1, el apóstol Pablo dice de forma muy clara: "Hermanos, aun si alguien es sorprendido en alguna falta, ustedes que son espirituales, restáurenlo en un espíritu de mansedumbre, mirándote a ti mismo, no sea que tú también seas tentado". Aun así, a veces hemos escuchado a líderes cristianos referirse a algunas de las palabras fuertes que Cristo habló a los escribas y fariseos para justificar sus palabras contra los demás. Y la realidad es que no hay duda de que hay momentos para una fuerte reprensión, pero al hacerlo, recordemos que Cristo habló como habló porque tenía la autoridad y la santidad requeridas para hablar de esa manera. Su carácter poseía todas las virtudes descritas en el fruto del Espíritu para balancear Su indignación contra los hombres.

El apóstol Pablo tuvo palabras duras para los corintios, pero aun así, la dureza de palabras no era su método preferido. Note sus palabras en 1 Corintios 4:21: "¿Qué quieren? ¿Iré a ustedes con vara, o con amor y espíritu de mansedumbre?". El ministerio de Pablo se caracterizó por la mansedumbre incluso hacia aquellos que tramaban contra su vida.

Quinto, la mansedumbre es necesaria para defender la fe. No olvidemos el llamado que Pedro nos hace a estar siempre preparados para presentar defensa ante todo el que demande razón de la esperanza que hay en nosotros. ¿Y cómo nos pide que lo hagamos? "Pero háganlo con mansedumbre y reverencia" (1 P 3:15). Dios nos ha llamado a defender la fe, pero no con bravuconería ni orgullo, sino que debemos hacerlo con reverencia. Dios nos ha llamado a defender Su Palabra y Su causa, pero no hiriendo y destruyendo la dignidad de los hombres que son portadores de Su imagen. Si vamos a defender la fe hiriendo a otros, es mejor callar. Nuestro silencio honra a Cristo más que nuestras palabras cortantes e hirientes.

Finalmente, la mansedumbre es necesaria cuando las personas pronuncian palabras hirientes contra nosotros

y escuchándolas permanecemos en silencio para no herir de la manera en que nos han herido. ¿Alguna vez ha sido ofendido con acciones o insultos que atentan contra su dignidad? Aquí está la respuesta bíblica a qué hacer en estas situaciones: "... y quien [Jesús] cuando lo ultrajaban, no respondía ultrajando. Cuando padecía, no amenazaba, sino que se encomendaba a Aquel que juzga con justicia" (1 P 2:23). Ante la injuria de otros, recuerde siempre las palabras de Cristo en el Sermón del Monte registradas en el Evangelio de Mateo:

"Bienaventurados los humildes, pues ellos heredarán la tierra. [...] Bienaventurados los que procuran la paz, pues ellos serán llamados hijos de Dios. [...] Bienaventurados serán cuando los insulten y persigan, y digan todo género de mal contra ustedes falsamente, por causa de Mí. Regocíjense y alégrense, porque la recompensa de ustedes en los cielos es grande, porque así persiguieron a los profetas que fueron antes que ustedes". (Mt 5:5, 9, 11-12)

CAPÍTULO 9

CUANDO EL DOMINIO PROPIO ES UNA NECESIDAD PARA LA VIDA DE PIEDAD

"Pero el fruto del Espíritu es amor, gozo, paz, paciencia, benignidad, bondad, fidelidad, mansedumbre, **dominio propio**; contra tales cosas no
hay ley. Pues los que son de Cristo Jesús han
crucificado la carne con sus pasiones y deseos".
(Gá 5:22-24)

El dominio propio es la última de las virtudes que forman parte del fruto del Espíritu descrito por el apóstol
Pablo en el capítulo 5 de la epístola a los Gálatas. En vista
de las implicaciones que esta virtud tiene para la vida del
creyente y la conexión que existe entre el dominio propio
y todo lo que hemos compartido a lo largo de este libro, es
apropiado volver a los versículos 17 al 24 aunque ya los cu-
brimos antes a excepción del último. Como habrá notado,
desglosar lo que Dios resumió en apenas ocho versículos
nos ha llevado nueve capítulos, pero ese es nuestro Dios
que tiene la capacidad de resumir grandes verdades en pequeños párrafos.

Dicho esto, volvamos a citar las enseñanzas de Pablo:

"Porque el deseo de la carne es contra el Espíritu,
y el del Espíritu es contra la carne, pues estos se
oponen el uno al otro, de manera que ustedes no

pueden hacer lo que deseen. Pero si son guiados por el Espíritu, no están bajo la ley. Ahora bien, las obras de la carne son evidentes, las cuales son: inmoralidad, impureza, sensualidad, idolatría, hechicería, enemistades, pleitos, celos, enojos, rivalidades, disensiones, herejías, envidias, borracheras, orgías y cosas semejantes, contra las cuales les advierto, como ya se lo he dicho antes, que los que practican tales cosas no heredarán el reino de Dios. Pero el fruto del Espíritu es amor, gozo, paz, paciencia, benignidad, bondad, fidelidad, mansedumbre, dominio propio; contra tales cosas no hay ley. Pues los que son de Cristo Jesús han crucificado la carne con sus pasiones y deseos". (Gá 5:17-24)

El versículo 17 nos da la primera razón por la que necesitamos la virtud del dominio propio en nuestras vidas. Y nos referimos al hecho de que nuestra carne tiene deseos fuertes que se oponen aun a nuestras mejores intenciones, y el Espíritu Santo que viene a morar en el cristiano también tiene deseos poderosos que encuentran en nosotros una oposición continua por parte de los deseos de la carne que necesita ser vencida.

En vista de que el Espíritu de Dios no va a hacer todo el trabajo por nosotros, estamos obligados a ejercer nuestra voluntad y ejercitar el dominio propio para contrarrestar los deseos de la carne. La buena noticia es que el Espíritu de Dios ha venido a morar en nosotros para capacitarnos y empoderarnos para ejercer nuestra fuerza de voluntad y vencer las tentaciones que nos llegan continuamente,

- desde diferentes direcciones,
- en diferentes momentos,
- en diferentes envolturas,
- de diferentes tamaños y formas según nuestra personalidad y debilidad particular.

Cada creyente tiene un área de debilidad contra la cual tiene que luchar y de ahí la necesidad del dominio propio para la vida de piedad. Note nuevamente cómo al final del versículo 17 se nos dice que, debido a la oposición de los deseos de la carne a los deseos del Espíritu, no podemos hacer lo que deseamos. De tal forma que, poder hacer lo que debemos hacer para agradar a Dios requiere el poder del mismo Dios que mora en nosotros en la persona del Espíritu Santo. Recuerde que la gracia que trajo al Espíritu de Dios a morar en nosotros precede a la obediencia porque la gracia nos empodera para obedecer.

En Gálatas 5:19-21, el apóstol Pablo describe las obras de la carne y estas también nos dejan ver con claridad la necesidad de poseer dominio propio. Citemos una vez más las palabras de Pablo:

"Ahora bien, las obras de la carne son evidentes, las cuales son: inmoralidad, impureza, sensualidad, idolatría, hechicería, enemistades, pleitos, celos, enojos, rivalidades, disensiones, herejías, envidias, borracheras, orgías y cosas semejantes, contra las cuales les advierto, como ya se lo he dicho antes, que los que practican tales cosas no heredarán el reino de Dios". (Gá 5:19-21)

En esta lista, la mayoría de las obras de la carne mencionadas corresponden al área de la sexualidad humana que requiere de mucho dominio propio. Veamos:

Bajo la sexualidad humana:
- Inmoralidad, impureza, sensualidad (v. 19).
- Orgías (v. 21).

Bajo la espiritualidad humana:
- Idolatría, hechicería, herejías (v. 20).

Bajo el desenfreno del cuerpo:
- Borracheras (v. 21).

Bajo las emociones humanas:
- Enemistades, pleitos, celos, enojos, rivalidades, disensiones (v. 20).
- Envidias (v. 21).

Cada una de estas obras de la carne requiere el ejercicio del dominio propio dado por el Espíritu Santo porque, de lo contrario, ningún ser humano podría mantener bajo control la expresión de estas emociones y acciones humanas. Entonces, si reconocemos la necesidad del dominio propio para vivir una vida piadosa, antes de continuar debemos definirlo.

¿Qué es el dominio propio?

D. G. Kehl, en su libro *Control Yourself!* [Contrólese], define el dominio propio como "la habilidad de evitar excesos y de permanecer dentro de límites razonables".[1] También podríamos decir que el dominio propio es la capacidad de controlar nuestros pensamientos, nuestras emociones y nuestras acciones habiendo sido empoderados por el Espíritu Santo para complacer a Dios en todas las áreas de la vida diaria.

El dominio propio es el freno de nuestras tentaciones. Como personas caídas que somos, nuestros corazones todavía albergan múltiples deseos y pasiones, algunas de ellas muy intensas. Por consiguiente, aun después de haber nacido de nuevo, existen múltiples tentaciones que ejercen un poder seductor sobre nuestra mente y corazón que requerirán de dominio propio para ser detenidas.

La tentación tiende a alejar la mente de Dios y luego aleja a la persona de Dios. En ese estado, somos mucho más susceptibles porque en esa instancia nuestra mente no estará llena de pensamientos acerca de Dios, sino de pensamientos

---

1. D. G. Kehl, *Control Yourself!: Practicing the Art of Self-Discipline* (Grand Rapids: Zondervan, 1982), p. 25.

acerca de eso que nos está atrayendo. Y de ahí la necesidad de dominio propio.

Algunas consecuencias de la falta de dominio propio ilustradas en la Biblia

La falta de dominio propio llevó a Eva a comer del fruto prohibido cuando ella vio que «el árbol era bueno para comer, y que era agradable a los ojos, y que el árbol era deseable para alcanzar sabiduría» (Gn 3:6).

La falta de dominio propio llevó a Caín a matar a su hermano Abel (Gn 4:1-8).

La falta de dominio propio llevó a Moisés a matar al egipcio y enterrarlo en la arena antes de que Dios lo llamara a servirle en el desierto (Éx 2:11-12).

La falta de dominio propio llevó a Sansón a perder su fortaleza al comunicarle a Dalila dónde estaba el secreto de su poder (Jue 16:4-17). La sensualidad fue un problema para Sansón.

La falta de dominio propio llevo a Salomón a poseer un harén con mil mujeres (1 R 11:1-4).

Las ilustraciones continúan a lo largo de la historia bíblica, pero los ejemplos anteriores son suficientes para convencernos de que es imposible cultivar una vida de piedad sin dominio propio. La necesidad de dominio propio ha sido reconocida desde la antigüedad, incluso antes de la venida de Cristo. Es increíble ver que alguien como Aristóteles, que no era creyente en el Dios de la Biblia, llegó a decir que "el hombre que no se restringe a sí mismo hace cosas que él sabe que son malvadas, bajo la influencia de sus pasiones, mientras que el hombre que tiene dominio propio, conociendo que sus deseos son malvados, rehúsa seguirlos basado en sus principios".[2] Recordemos que el dominio propio es un fruto del Espíritu; no es el resultado del esfuerzo humano. Así que para tener dominio propio necesitamos la llenura del Espíritu. Cuando hablamos de la llenura del Espíritu, nos referimos al grado de manifestación del poder del Espíritu en nosotros. El Espíritu nunca tiene más o menos poder en nosotros; pero de acuerdo con nuestra obediencia, Él decide manifestarse con mayor o menor poder, y sin ese poder no tenemos dominio propio.

Cómo cultivar el dominio propio

El dominio propio es algo que el Espíritu de Dios cultiva en cada uno de nosotros, pero lo hace en un terreno que le permite crecer. Hay terrenos en los que el dominio propio no crece porque son terrenos que no agradan al Espíritu de Dios. Cuando hablamos de un terreno fértil para cultivar un fruto, en términos espirituales, nos referimos a un estado particular del corazón y la mente del creyente, pues es en el corazón y en la mente donde el Espíritu de Dios siembra y hace germinar Su fruto.

En ese sentido, el dominio propio no crecerá si tenemos un corazón egoísta, porque el egoísta siempre insistirá en

---

2. Gene Green, *Jude & 2 Peter* (Grand Rapids: Baker Academic, 2008), p. 193.

obtener lo que quiere y así no se ejerce el dominio propio. El dominio propio tampoco crecerá en una mente alimentada por la sensualidad y la inmoralidad sexual de la televisión. Lo que entra en nuestra mente fortalece o debilita el dominio propio. Asimismo, el dominio propio difícilmente crecerá en el corazón orgulloso, porque el orgullo siempre insistirá en ir en la dirección que considera correcta y se resistirá a la voz de Dios. En estas condiciones, la mente y el corazón del hombre se vuelven insensibles a los impulsos y la dirección del Espíritu en su interior y, por lo tanto, no habrá dominio propio.

Por otro lado, el dominio propio crecerá con cierta facilidad en una vida completamente sometida al señorío de Cristo y eso requerirá dar muerte al "yo". Una vez que hemos hecho esto, el poder del Espíritu comienza a manifestarse naturalmente en nosotros. Ahora bien, en Proverbios 4:23, la Palabra nos exhorta a guardar nuestro corazón "con toda diligencia", y en la Biblia el corazón es representativo de toda nuestra vida. Esto implica que el dominio propio crecerá con mayor facilidad en un corazón que ha sido guardado de las tentaciones, de los ataques de la mente, del mundo y de Satanás mismo.

En su primera carta, Pablo le recuerda a su discípulo Timoteo lo dañino que es el amor al dinero y le dice: "Pero tú, oh hombre de Dios, huye de estas cosas" (1 Ti 6:11). De modo que, para desarrollar el dominio propio, tenemos que guardar nuestra mente y nuestro corazón y, por otro lado, tenemos que huir de las tentaciones. Sin hacer estas dos cosas, el dominio propio jamás florecerá.

Lo que entra en nuestra mente, ya sea por los ojos, los oídos, o de cualquier otra forma es vital porque alimenta los deseos de la carne o los deseos del Espíritu, y cuando alimentamos la carne se debilita el dominio propio. Pero si alimentamos nuestro espíritu, nuestro dominio propio se fortalece. La ausencia de una vida de piedad en un creyente habla de la debilidad de su dominio propio y de cuánto ese creyente ha estado alimentando la carne.

Otras cosas que nos llevan a cultivar y luego a ejercer el dominio propio

El dominio propio será mucho más fácil de ejercer por alguien con discernimiento espiritual o con buen juicio como lo llama Pablo en Romanos 12:3. Un buen discernimiento nos ayuda a tomar decisiones sabias en momentos cruciales cuando las pasiones están encendidas, ya sea en forma de:

- ira,
- resentimiento,
- sensualidad o
- cualquier otra forma.

El buen discernimiento nos llevará a considerar las implicaciones y posibles consecuencias de nuestras acciones y nos ayudará a ejercer el dominio propio.

Por otro lado, el dominio propio puede obrar libremente cuando el creyente ama a Cristo, cuando su corazón late por la santidad de Su nombre, cuando ama a la Iglesia y cuida su vida para no manchar a la novia de Cristo.

El dominio propio y las demás virtudes del fruto del Espíritu

El apóstol Pablo hizo bien al dejar el dominio propio en último lugar porque todas las virtudes anteriores dependen del ejercicio del dominio propio para llevarse a cabo. Así que veamos ahora cómo interactúa el dominio propio con el resto de las virtudes que conforman el fruto del Espíritu.

Amor. No podemos amar correctamente sin dominio propio porque llegará el momento en que el otro hará cosas que nos llevarán a considerarlo como no digno de nuestro amor, y aun así necesitaremos amarlo.

Gozo. El gozo sin dominio propio prontamente se convierte en algarabía sin freno.

Paz. En muchos creyentes y no creyentes, la paz sin dominio propio acaba en pasividad para "no alborotar las avispas" como decimos en nuestra cultura.

Paciencia. Sin dominio propio, la paciencia puede ser rápidamente agotada por las acciones no amorosas de los demás.

Benignidad. Esta virtud requiere dominio propio o, de lo contrario, la benignidad se convertirá en permisividad.

Bondad. La bondad puede ser fácilmente abusada por aquellos que se aprovechan precisamente de un espíritu sin malicia que no ve la maldad del otro. En esos momentos se requiere de dominio propio para no alimentar el pecado del otro.

Fidelidad. Permanecer fieles cuando estamos cansados, sin motivación espiritual y en momentos en que Dios se siente lejano, requerirá de dominio propio.

Mansedumbre. Por definición, una persona mansa ha desarrollado el dominio propio que le permite tratar a otros con mansedumbre, aun cuando no lo merecen.

¿Dónde necesitamos dominio propio?

Más que dónde, la pregunta debería ser: ¿dónde no? "Todas las cosas me son lícitas, pero yo no me dejaré dominar por ninguna" (1 Co 6:12), escribió Pablo a los corintios. La frase "no me dejaré dominar por ninguna" es clave para entender que necesitamos el dominio propio en todas las áreas de nuestras vidas. Cristo no nos hizo libres para pensar y hacer lo que queramos de manera individual. Nos hizo libres de las amarras que el pecado había colocado a nuestro alrededor y que nos impedían glorificarlo. Por eso el dominio propio es uno de los mejores regalos que el Espíritu de Dios nos puede otorgar, porque es a través de esta virtud que Dios pone en nosotros tanto el querer como el hacer. Sin dominio propio seremos dominados no solo por las pasiones carnales, sino también por todo tipo de ideas y mentiras vendidas en la sociedad, incluso en las redes sociales que llenan nuestra mente y nos hacen perder el control al escribir y expresarnos.

En una de sus cartas, el apóstol Pablo le escribió a Timoteo y le recordó que el dominio propio es algo que Dios nos otorgó para vivir una vida digna del evangelio. Específicamente en 2 Timoteo 1:7, Pablo escribió: "Porque no nos ha dado Dios espíritu de cobardía, sino de poder, de amor y de dominio propio". Ciertamente, Dios nos dio un espíritu de poder, pero el poder sin dominio propio no puede hacer gran cosa porque un poder fuera de control no logrará hacer aquello para lo cual fue dado. E inmediatamente después de que Pablo le habla a Timoteo de esta gran verdad, en el versículo siguiente le anima a no avergonzarse del testimonio del Señor Jesucristo ni de él, prisionero Suyo, y le anima a participar con él en los sufrimientos por el evangelio. Pablo era consciente de que sin dominio propio huiríamos cuando llegaran las dificultades, buscando siempre nuestra seguridad y comodidad, negando así el evangelio o avergonzándonos de él.

Por otro lado, el mismo apóstol Pablo le escribió a Timoteo sobre la necesidad de disciplinarnos para la piedad (1 Ti 4:7), y no hay forma de disciplinarnos sino ejerciendo el dominio propio. Disciplinarnos requiere decir no a muchas cosas que nos gustaría hacer y, por otro lado, requiere decir sí a muchas otras cosas que no deseamos hacer.

Por su parte, el apóstol Pedro comienza su segunda carta dándonos una fórmula para terminar bien. Según Pedro, para terminar bien, necesitamos: fe + virtud + conocimiento + dominio propio, y luego agrega otras cuatro virtudes a la fórmula, pero detengámonos aquí por un momento. Pedro sabe que ni la fe, ni la virtud, ni el conocimiento pueden ser bien manejados sin dominio propio. Gene Green, en su comentario sobre Judas y 2 Pedro, nos dice que ese dominio propio al que se refiere Pedro tiene mucho que ver con el control sobre el consumo de alimentos, el control de la lengua y los deseos sexuales.[3] Este dominio propio o autogobierno es una restricción personal sobre nuestras emociones y deseos, pensamientos y acciones, como ya hemos dicho, no por nuestro propio poder, sino por una fuerza de voluntad empoderada por el Espíritu de Dios.

Volviendo a la pregunta "¿dónde necesitamos el dominio propio?", veamos ahora algunas áreas específicas donde el dominio propio es una necesidad para llevar una vida piadosa.

En primer lugar, necesitamos dominio propio en el área de nuestros pensamientos. La mente es el lugar donde se cocinan nuestros pensamientos de:

- inmoralidad,
- impureza,
- sensualidad,
- idolatría, hechicería, herejías,
- enemistades, pleitos, enojos, rivalidades, disensiones,
- celos, envidias,
- y borracheras.

---

3. Gene Green, *Jude & 2 Peter* (Grand Rapids: Baker Academic, 2008), p. 193.

Hasta el punto de que, si la verdad se supiera, nuestras mentes darían miedo. Por eso Pablo nos manda en Filipenses 4:8 a meditar en todo lo que es verdadero, digno, justo, puro, amable, honorable y virtuoso. Ese es el mejor versículo para ayudarnos a ejercer dominio propio en el área de nuestros pensamientos, ideas, especulaciones y demás. La mente es la torre de control de nuestras vidas. La mente nos hace volar bien o nos hace estrellarnos al aterrizar. En la mente decidimos lo que haremos, porque cada una de nuestras acciones está precedida por un pensamiento.

En segundo lugar, necesitamos ejercer dominio propio en el área de las emociones. La ira expresada por Caín que lo llevó a matar a Abel es la ira que nos persigue hasta el día de hoy. Puede que esta no sea una de las primeras emociones que venga a su mente cuando piensa en la necesidad de ejercer dominio propio sobre sus emociones, pero una de las emociones que la Palabra de Dios más ilustra y enfatiza de diferentes maneras es la ira. Y sobre ella, Proverbios 29:11 dice: "El necio da rienda suelta a su ira, pero el sabio la reprime". El sabio la reprime porque entiende que la ira es destructiva, tanto para la persona airada como para la persona que recibe el golpe de la ira. En la persona airada destruye su paz interior, su razonamiento lógico y su deseo de reconciliación con el otro, entre muchas otras cosas. En la persona que recibe el golpe de la ira, muchas veces destruye la dignidad de la persona, su estabilidad emocional y su gozo.

Jesús sabía hasta dónde nos puede llevar la ira. Por eso, en el Sermón del Monte, enseñó lo siguiente: "Pero Yo les digo que todo aquel que esté enojado con su hermano será culpable ante la corte; y cualquiera que diga: 'Insensato' a su hermano, será culpable ante la corte suprema; y cualquiera que diga: 'Idiota', será merecedor del infierno de fuego" (Mt 5:22). La ira viola el sexto mandamiento de la ley de Dios que dice "no matarás" porque, aunque la letra de la ley prohíbe quitar la vida a un ser humano, el espíritu de ese mandamiento protege la dignidad de la vida en todas sus dimensiones, tal como lo entendieron los reformadores, los puritanos y todos los grandes teólogos de la historia de la Iglesia.

En tercer lugar, necesitamos ejercer el dominio propio en el área de la sexualidad humana. Esto siempre ha sido una necesidad, pero con la proliferación de las páginas de internet y la pornografía en todas sus manifestaciones, hoy más que nunca, nuestra mente se ve bombardeada por imágenes y sonidos capaces de estimular nuestro sensorio a niveles nunca imaginados. Ni David ni Salomón supieron ejercer el dominio propio cuando llegó el momento de la prueba. De modo similar, muchos hoy en día tienen dificultad para ejercer el dominio propio en esta área porque la pasión sexual es alimentada continuamente por lo que se ve en las pantallas de televisión, la computadora o el celular. Por lo tanto, hay una necesidad continua de ejercer el dominio propio y no dar rienda suelta a las pasiones de la carne.

En cuarto lugar, necesitamos dominio propio en el uso de nuestra lengua. La siguiente cita de la carta de Santiago es suficiente para recordarnos la necesidad de detener ese pequeño monstruo que llevamos dentro:

"... ¡Pues qué gran bosque se incendia con tan pequeño fuego! También la lengua es un fuego, un mundo de iniquidad. La lengua está puesta entre nuestros miembros, la cual contamina todo el cuerpo, es encendida por el infierno e inflama el curso de nuestra vida. Porque toda clase de fieras y de aves, de reptiles y de animales marinos, se puede domar y ha sido domado por el ser humano, *pero ningún hombre puede domar la lengua. Es un mal turbulento y lleno de veneno mortal.* Con ella bendecimos a nuestro Señor y Padre, y con ella maldecimos a los hombres, que han sido hechos a la imagen de Dios". (Stg 3:5b-9, énfasis añadido)

Hoy tendríamos que decir que también necesitamos el dominio propio en el uso de nuestros dedos para escribir debido a la gran cantidad de insultos que leemos en las redes sociales, llenos de tanta maldad y frecuentemente hasta de ignorancia.

En quinto lugar, necesitamos el dominio propio en todas las áreas en las que tendemos a ser indulgentes y que no pensamos que requieren el dominio propio. Por ejemplo, el descanso y el sueño son importantes para la salud.

Pero gran parte de la población abusa de ambos por pereza. Observe ahora lo que dice Proverbios 13:4 al respecto: "El alma del perezoso desea mucho, pero nada consigue, sin embargo, el alma de los diligentes queda satisfecha". La holgazanería es condenada en la Biblia al punto que el apóstol Pablo dice que "si alguien no quiere trabajar, que tampoco coma" (2 Ts 3:10).

Otros, en cambio, tenemos que ejercer el dominio propio porque tendemos a trabajar más de lo debido y eso también es perjudicial para la salud. Se ha recomendado unas siete horas de sueño al día para un mejor funcionamiento del sistema inmunológico. Algunos de nosotros necesitamos recordar que no somos indestructibles y que el cuerpo es el templo del Espíritu Santo y necesita ser cuidado.

Otra área en la que tendemos a ser indulgentes es en el comer. Uno de nuestros pastores dijo una vez: "Miguel, para ti comer es como completar un trámite y salir de eso". Y es cierto, aunque no estoy diciendo que eso sea correcto. La realidad es que Dios creó los alimentos y quiere que disfrutemos la comida. De hecho, en la propia Biblia tenemos un gran número de ocasiones en las que se celebraba comiendo, incluida la gran Cena del Cordero. Cristo mismo cocinó para Sus discípulos. Pero el exceso al comer es llamado glotonería en la Biblia y es un pecado según Deuteronomio 21:20, Proverbios 23:21, Proverbios 28:7 y Tito 1:12. Por cierto, una de las acusaciones falsas contra Cristo fue que era un glotón y bebedor (Mt 11:19).

De modo que, como pastor y médico, puedo decir que debemos honrar el llamado de Dios y no dejar de señalar que cuando somos indulgentes con la comida, la Palabra de Dios no lo pasa por alto. Sin el ánimo de ofender a nadie, para muchos, comer se ha convertido en un problema de salud, ya que la obesidad crea mayores riesgos de hipertensión, infartos del miocardio, accidentes cerebrovasculares, artritis de múltiples articulaciones, diabetes, hipercolesterolemia, hígado graso que puede años más tarde terminar en cirrosis. Además, la obesidad puede llevar a la apnea del sueño y varios tipos de cáncer.

De acuerdo con la Organización Mundial de la Salud:[4]

- Desde 1975, la obesidad se ha casi triplicado en todo el mundo.
- En 2016, más de 1900 millones de adultos de dieciocho o más años tenían sobrepeso, de los cuales, más de 650 millones eran obesos.
- La mayoría de la población mundial vive en países donde el sobrepeso y la obesidad se cobran más vidas de personas que la insuficiencia ponderal (es decir, peso insuficiente para la edad).
- En 2016, 41 millones de niños menores de cinco años tenían sobrepeso o eran obesos.
- En 2016 había más de 340 millones de niños y adolescentes (de cinco a diecinueve años) con sobrepeso u obesidad.

Por otro lado, una de cada nueve personas vive con hambre y una de cada ocho personas está en sobrepeso o es obesa.

---

4. Organización Mundial de la Salud, *Obesidad y sobrepeso*, 9 de junio de 2021. Datos y cifras disponibles en: https://www.who.int/es/news-room/fact-sheets/detail/obesity-and-overweight.

La realidad es que cada uno de nosotros tiene una debilidad que necesita confesar a Dios, que necesita traer bajo el señorío de Cristo y que requiere del ejercicio del dominio propio si vamos a cultivar una vida de piedad.

Aquí concluimos nuestro estudio sobre el dominio propio y con él cerramos la descripción de cómo se ve el fruto del Espíritu en la vida del creyente. Pero recuerde que, como hemos dicho antes, el fruto del Espíritu no es otra cosa que la conformación de la persona a la imagen de Cristo. Esa es la meta. Por tanto, la ausencia de estas virtudes en nosotros no puede aceptarse simplemente como algo natural a nuestra humanidad, sino que debe ser vista como pecado en nosotros. De lo contrario, nunca podremos tener una vida de piedad. Por eso, necesitamos y debemos hacer todo lo posible para cultivar el fruto del Espíritu en nuestra vida. Y esto requerirá de nosotros:

- Una vida de arrepentimiento diario.
- La autonegación como estilo de vida.
- La sumisión continua de nuestros pensamientos, deseos y voluntad.
- El consumo regular de Su Palabra como alimento para el alma.
- Huir de las tentaciones.
- La asociación con otros hermanos que tengan el mismo deseo de cultivar la piedad.
- Hacer un compromiso continuo de vivir para la gloria de Dios.

De tal forma que veamos cada esfuerzo, cada sacrificio y cada negación como algo que hacemos no para lucir mejor o conseguir algún reconocimiento, sino para dar gloria y honra a nuestro Dios.

CAPÍTULO 10

CUANDO EL ESPÍRITU DE DIOS NOS CAPACITA PARA ANDAR EN EL ESPÍRITU

"Pues los que son de Cristo Jesús han crucificado la carne con sus pasiones y deseos. Si vivimos
por el Espíritu, andemos también por el Espíritu".
(Gá 5:24-25)

Habiendo visto las nueve virtudes que componen el fruto del Espíritu es importante que revisemos de qué forma somos capacitados para andar en el Espíritu. Como vimos inicialmente, en Gálatas 5:16, el apóstol Pablo comienza ayudándonos a entender el conflicto entre los deseos de la carne y los deseos del Espíritu, e inmediatamente después nos habla de cómo lucen las obras de la carne para luego contrastar dichas obras con el fruto del Espíritu que terminamos de ver en el capítulo anterior. Es ese fruto de Dios en nosotros que nos permite andar en el poder del Espíritu. En el texto citado más arriba (Gá 5:24-25) encontramos una responsabilidad y un privilegio para la vida de cada cristiano. Tenemos:

- la responsabilidad de crucificar la carne (v. 24) y
- el privilegio de andar en el Espíritu (v. 25).

La responsabilidad de crucificar la carne

El apóstol Pablo escribió a los filipenses y les enseñó que Dios pone en nosotros tanto el querer como el hacer (Fil 2:13).

Sin embargo, eso no nos exime de responsabilidad porque como bien se ha dicho, la salvación depende completamente de Dios (monergismo), pero la santificación requiere un esfuerzo de parte del cristiano, aun cuando es Dios quien termina santificando a Sus hijos (2 Co 3:18). Por eso hablamos de que la santificación es más bien el resultado de la obra del Espíritu de Dios en la medida en que nosotros ponemos por obra lo que Él inspira, motiva y empodera a través de su morada en cada creyente (sinergismo). La pregunta que debemos responder es: ¿qué significa o implica crucificar la carne? Y eso haremos a continuación.

El fruto del Espíritu requiere previamente la crucifixión de la carne.

Tenemos que reconocer que nuestra carne tiene deseos y pasiones que imponen demandas sobre nosotros. A su vez, necesitamos entender que la carne solo puede ser disciplinada, ya que no puede ser regenerada como sí puede serlo el espíritu. Gálatas 5:22-23 dice que "el fruto del Espíritu es amor, gozo, paz, paciencia, benignidad, bondad, fidelidad, mansedumbre, dominio propio", pero estas cualidades no pueden surgir en una persona a menos que la carne haya sido crucificada. Y esa es la pregunta, ¿qué significa crucificar la carne y cuándo ocurre esto?

Antes de nuestra conversión, los deseos de la carne estaban sin control o muy poco controlados; su único freno era la conciencia y la ley moral escrita en el corazón del hombre. Pero en sentido general, los deseos de la carne "andaban por su cuenta" para usar una expresión típica de nuestra cultura. Y es que, en la persona que no ha entregado su vida a Cristo, los deseos de la carne no tienen una fuerza superior que los frene y que los termine disciplinando.

El día de nuestra conversión, el Espíritu Santo vino a morar en nosotros y comenzó inmediatamente a frenar o debilitar los deseos de la carne. Así es como teológicamente entendemos que se produce la crucifixión de la carne. Tanto es así que el apóstol Pablo dice en la carta a los Romanos que debemos considerarnos muertos al pecado. Note que Pablo no dice que ya no hay pecado en nosotros, sino que nos consideremos como muertos al pecado (Ro 6:11), lo que implica que la carne fue crucificada el día de nuestra conversión. Pablo usa una metáfora, la crucifixión, para explicar lo que ha sucedido.

En el día de nuestra conversión, voluntariamente depositamos nuestra fe en la persona de Cristo y reconocimos a Cristo como nuestro Señor y Salvador. Hasta entonces, el pecado era nuestro amo y continuamente nos hacía tropezar sin que pudiéramos decir que no a nuestros deseos, ya que nuestra voluntad estaba esclavizada al pecado. Pero desde el momento en que entregamos nuestra vida a Cristo, Él gobierna sobre nosotros y desde ese momento comienza una lucha en contra de los deseos naturales del ser humano que ahora sienten la "fuerza opositora" del Espíritu que ha venido a residir en nuestro interior.

Como ya mencionamos, Pablo está usando la metáfora de la crucifixión para explicar lo que ha sucedido con la carne. En ese sentido, pensemos por un momento en un crucificado. En la antigüedad, la persona crucificada podía durar horas o días en la cruz. Y mientras estuviera allí, estaba con vida y tenía ciertos deseos. De hecho, Cristo tuvo sed y pidió algo de beber. De la misma manera, nuestra carne ha sido crucificada, pero continúa con deseos que nos siguen haciendo demandas que ahora nosotros podríamos satisfacer o no satisfacer dependiendo de cuánto quisiéramos ceder a la carne o al Espíritu.

Philip Ryken, en su comentario sobre Gálatas, nos dice que:

"El Espíritu está involucrado en un combate mortal con la carne. Los deseos de la naturaleza regenerada hacen guerra contra las pasiones de la naturaleza carnal. En esta guerra no habrá un cese al fuego. La naturaleza espiritual no puede entrar en negociaciones de paz con la naturaleza carnal. Tampoco puede rendirse. El Espíritu tiene que batallar el pecado hasta hacerlo morir. Por eso, cuando el Espíritu captura la carne, Él no simplemente la retiene como un prisionero, sino que le hace la guerra. El Espíritu da muerte a la naturaleza carnal. Y no cualquier muerte. La forma de hacerla morir es crucificándola".[1]

La crucifixión era una forma cruel de morir y de manera comparativa podemos decir que al tratar con nuestro

---

1. Philip Ryken, *Galatians* (Phillipsburg: P&R Publishing, 2005), p. 236.

pecado tenemos que hacerlo de forma cruel; no podemos andar con paños tibios. Esta es la manera como Cristo lo describió:

"Si tu mano te es ocasión de pecar, córtala; te es mejor entrar en la vida manco, que teniendo las dos manos ir al infierno, al fuego que no se apaga, [...]. Y si tu pie te es ocasión de pecar, córtalo; te es mejor entrar cojo a la vida, que teniendo los dos pies ser echado al infierno, [...]. Y si tu ojo te es ocasión de pecar, sácatelo; te es mejor entrar al reino de Dios con un solo ojo, que teniendo dos ojos ser echado al infierno". (Mr 9:43, 45, 47)

1. Jesús usa estas ilustraciones tan gráficas e hiperbólicas para llamar nuestra atención y hacernos entender que cuando se trata de lidiar con el pecado, necesitamos ser radicales. En las hipérboles usadas por Cristo, el ojo podría representar cosas que vemos o que llenan nuestros ojos físicos o metafóricamente hablando, como cuando Eva vio el fruto que luego codició.
2. Las manos podrían representar cosas que hacemos.
3. Los pies podrían representar lugares a donde vamos.

En otras palabras, hay cosas que no debemos ver; hay cosas que hacemos que tienen que parar; hay formas de pensar que tienen que desaparecer; hay formas de hablar que no pueden continuar; hay lugares a donde no debemos ir; hay formas de actuar que necesitan ser cambiadas; hay formas de ver la vida que nos llevan a pecar y expresiones de rebeldía que no nos parecen tales, pero lo son y deben parar. **Estas cosas prácticas representan formas de crucificar la carne.**

Como dijimos, la crucifixión era una forma cruel de dar muerte a alguien, por lo que Pablo usa la crucifixión como una metáfora para exhortarnos a que cuando lidiemos con nuestro pecado, lo hagamos tan severamente como sea necesario. Cristo también enseñó lo mismo cuando habló de la necesidad de amputar la mano o sacar el ojo que nos hace pecar. De la misma manera, siendo la crucifixión una forma dolorosa de morir, podemos decir que batallar continuamente contra los deseos de la carne es igualmente doloroso. Por eso se ha dicho que la santificación es un proceso doloroso que puede implicar un dolor insoportable al tener que hacer morir nuestros pecados. Philip Ryken opina que la razón por la que el proceso es tan doloroso es porque "nuestra naturaleza pecaminosa ama tanto esos pecados que secretamente esperamos que continúen viviendo".[2] Si somos honestos, debemos admitir que lamentablemente esta suele ser la realidad en la vida de muchos hijos de Dios. Ahora bien, los deseos de la carne pueden ser muy deseables e intensos, pero solo para la carne. No así para el Espíritu de Dios que mora en nosotros y tampoco para nuestro espíritu regenerado.

---

2. *Ibíd.*, p. 237.

Volviendo a la idea de que hemos crucificado la carne, recuerde que el crucificado moría lentamente, y así mismo nos vamos santificando lentamente y con el paso del tiempo nuestros pecados nos dominan menos y aparecen en nuestra vida con menos frecuencia. Así será hasta que entremos en gloria y seamos finalmente liberados de la presencia del pecado en nosotros. Porque, como escribe Ryken: "Cuando se trata de eliminar el pecado, no hay atajos, solo una muerte larga, lenta y dolorosa".[3]

Para crucificar la carne necesitamos seguir el consejo de William MacDonald en su comentario sobre el Evangelio de Marcos, capítulo 9, donde dice: "Sea intolerante con cualquier cosa en su vida que pueda disminuir su efectividad para Dios".[4] Con nuestra conversión, la carne fue vencida, pero todavía quedan focos de resistencia que necesitan ser eliminados. Dios nos da el poder para eliminarlos, pero tenemos que actuar con ese fin porque la santificación no se da sin la participación del creyente. Preste atención a la manera en que Pablo expresa esto en Gálatas 5:24: "Pues los que son de Cristo Jesús han crucificado la carne con sus pasiones y deseos". Es nuestra responsabilidad hacerlo. Lo anterior es congruente a las enseñanzas de Cristo, quien en un momento dado se expresó de esta manera: "Y a todos les decía: 'Si alguien quiere seguirme, niéguese a sí mismo, tome su cruz cada día y sígame'" (Lc 9:23). Esa es una acción personal, diaria y voluntaria. Note que Jesús usa la

---

3. *Ibíd.*

4. William MacDonald, *Believer's Bible Commentary* (Nashville: Thomas Nelson, 1995), p. 1345.

conjunción condicional "si", lo que implica que algunos o muchos no quieren seguirlo porque dicen querer, pero en realidad no lo hacen. Entonces, Cristo, con la misma determinación que vemos en Marcos 9:43-47, dice que si alguien quiere seguirlo, debe: negarse a sí mismo, tomar su cruz cada día y luego seguirle. Esto es algo activo que hacemos diariamente si queremos modelar el carácter de Cristo y vivir el evangelio.

El privilegio de andar en el Espíritu

El Espíritu de Dios es quien nos capacita para vivir en el Espíritu. ¡Qué gran privilegio! No es solo que podemos andar en el Espíritu, sino que hemos sido capacitados previamente por Dios para poder pelear la buena batalla y vivir en el Espíritu. El apóstol Pablo lo expresó de esta manera: "Si vivimos por el Espíritu, andemos también por el Espíritu" (Gá 5:25). La primera parte de este versículo está más apegada al lenguaje original en la versión Nueva Traducción Viviente, pues dice: "Ya que vivimos por el Espíritu, sigamos la guía del Espíritu en cada aspecto de nuestra vida". Esta traducción no usa la conjunción condicional "si", sino que usa el conector "ya que", y por esta razón, muchos de los académicos entienden que es una traducción más apegada al idioma original.

En griego, Gálatas 5:25 dice algo así: "Ya que vivimos por el Espíritu, por el Espíritu debemos marchar". En el original, la palabra que ha sido traducida como "andar" en múltiples versiones de la Biblia no es la misma palabra que estamos acostumbrados a usar para la acción de caminar. El término griego se refiere más bien a mantener una línea. Es como si Pablo nos estuviera diciendo que, ya que vivimos por el Espíritu, debemos mantener la línea del Espíritu. Una buena ilustración sería imaginarnos a un grupo de soldados que están marchando uno detrás del otro. Ya sea que caminen o troten, tienen un objetivo y una instrucción y es que cada uno debe moverse, avanzar y mantenerse en alineación con el que está delante para que todos marchen en línea sin desviarse a un lado u otro. En este sentido, el Espíritu es quien nos guía como dice Pablo en Romanos 8:14 y debemos seguir Su dirección.

La idea detrás de Gálatas 5:25 es que todo verdadero cristiano ha crucificado la carne desde del día de su conversión y, por consiguiente, a partir de entonces tiene el privilegio de vivir por el Espíritu. Juan Calvino, en su comentario sobre el libro de Gálatas, lo dice de esta forma: "la muerte de la carne es la vida del espíritu", como si una cosa implicara la otra.

El Espíritu Santo que mora en nosotros es quien desarrolla en nosotros Su fruto como hemos dicho varias veces a lo largo de este libro. Una vez que se desarrolla ese fruto, estamos capacitados para vivir en el poder del Espíritu. Recuerde que vivir en el Espíritu no es una experiencia mística, sino algo completamente práctico y natural que surge como resultado de una obra que el mismo Espíritu hace en nosotros en respuesta a una rendición que hemos hecho y que seguimos llevando a cabo diariamente. Entonces, ¿en qué consiste esa capacitación que el Espíritu provee para andar en el Espíritu? Para comenzar, el Espíritu nos dio vida cuando estábamos muertos en delitos y pecados (Ef 2:1). Al mismo tiempo, el Espíritu:

- libera nuestra voluntad de la esclavitud del pecado;
- provee poder para vencer las obras de la carne;
- ilumina nuestro entendimiento para poder entender lo revelado en la Palabra de Dios;
- nos convence de pecado cuando hemos transgredido la ley de Dios;
- desarrolla la fe en nosotros;
- crea en nosotros deseos por las cosas de Dios;
- produce en nosotros tanto el querer como el hacer;
- cultiva el fruto del Espíritu en nosotros.

En conclusión, el Espíritu nos capacita para andar en el Espíritu. Como mencionamos, vivir en el Espíritu no es una experiencia mística; no es alimentar el alma de sueños, visiones o imaginaciones. Vivir en el Espíritu implica dar muerte al "yo" para vivir sometidos a la dirección del Espíritu Santo. Implica negarnos a los deseos de la carne para complacer al Espíritu e implica una vida de arrepentimiento diario.

Martín Lutero lo expresó de esta manera en la primera de sus 95 tesis: "Cuando nuestro Señor y Maestro Jesucristo dijo: 'Arrepentíos...', ha querido que toda la vida de los creyentes fuera de arrepentimiento". El Espíritu nos lleva al arrepentimiento y por medio del mismo Espíritu hacemos morir las obras de la carne. En Romanos 8, el apóstol Pablo nos ayuda a comprender mejor la obra de capacitación que el Espíritu hace en nosotros. Veamos:

> "Así que, hermanos, somos deudores, no a la carne, para vivir conforme a la carne. Porque si ustedes viven conforme a la carne, habrán de morir; pero si por el Espíritu hacen morir las obras de la carne, vivirán. Porque todos los que son guiados por el Espíritu de Dios, los tales son hijos de Dios". (Ro 8:12-14)

Somos deudores, pero no a la carne. La inferencia es que somos deudores del Espíritu. Ciertamente, es al Espíritu a quien debemos la obra de pasar de la muerte a la vida. Al Espíritu le debemos que ahora podemos amar la ley de Dios, someternos a la ley de Dios y agradar a Dios. Al mismo Espíritu le debemos el hecho de poder comenzar a parecernos más a Cristo y menos al viejo hombre. A la carne no le debemos nada porque la carne nunca nos ha aportado nada. De hecho, Romanos 7:18 nos recuerda que en nuestra carne no habita nada bueno; porque el querer está presente en nosotros, pero el hacer el bien no. En ese versículo y con estas mismas palabras, Pablo reconoce que, aunque tiene el deseo de hacer el bien, en sí mismo no posee los recursos ni el poder para hacerlo. Para hacer algo bien, tenemos que depender del Espíritu de Dios que mora en nosotros, por tanto, la habilidad para obrar bien es externa a nosotros en el sentido de que depende del Espíritu.

Unos versículos más adelante, en Romanos 8:13, Pablo establece un contraste interesante cuando dice lo siguiente: "Porque si ustedes viven conforme a la carne, habrán de morir..." (Ro 8:13a). ¡Claro! Porque el que vive conforme a la carne no es creyente y si no es creyente morirá en la condenación eterna. Inmediatamente después, Pablo nos deja ver que, si estamos viviendo por el Espíritu, tenemos una responsabilidad: "... pero si por el Espíritu hacen morir las obras de la carne, vivirán" (Ro 8:13b). En otras palabras, aquellos que somos de Cristo debemos vivir por el Espíritu, y si vivimos por el Espíritu, las obras de la carne han comenzado a morir y deben seguir muriendo hasta el día en que entremos a la gloria. En un sentido, podemos decir que, el Espíritu nos empodera para:

- hacer morir las obras de la carne y
- ayunar la carne con todos sus deseos hasta que sea sofocada.

Esa responsabilidad recae sobre nosotros porque tenemos el privilegio de haber sido empoderados para hacer tal cosa. La santificación no es pasiva. Es nuestra responsabilidad hacer uso del poder del Espíritu que vive en nosotros para destruir todo elemento de carnalidad que permanece en nuestras vidas.

Cómo el fruto del Espíritu hace morir las obras de la carne

A continuación, permítame ilustrar de qué manera el fruto del Espíritu va debilitando y haciendo morir las obras de la carne. Veamos:

- En Gálatas 5:20, Pablo menciona que la ira es una obra de la carne, pero en Gálatas 5:23 nos dice que lo opuesto a la ira es la mansedumbre que es un fruto del Espíritu.
- En Gálatas 5:20, la división es catalogada como obra de la carne y en Efesios 4:3 se nos dice que la unidad es obra del Espíritu.
- En Gálatas 5:20 se nos dice que los pleitos son obra de la carne; pero en Gálatas 5:22 vemos que la paciencia que evita los pleitos es fruto del Espíritu.
- En Gálatas 5:20 se nos dice que las rivalidades son fruto de la carne; pero Gálatas 5:22 nos dice que la paz es fruto del Espíritu.
- En Gálatas 5:20, la inmoralidad, la sensualidad, las borracheras, las orgías son catalogadas como fruto de la carne, pero Gálatas 5:23 nos dice que el dominio propio que frena toda esa depravación es fruto del Espíritu:

Entonces, por medio del poder del Espíritu, el creyente debe y puede hacer morir todas las obras de la carne. Como ya mencionamos, Romanos 8:13 lo expresa de esta manera: "Porque si ustedes viven conforme a la carne, habrán de morir; pero si por el Espíritu hacen morir las obras de la carne, vivirán". Por tanto, la conclusión de Pablo es la siguiente: "Porque todos los que son guiados por el Espíritu de Dios, los tales son hijos de Dios" (Ro 8:14). Si hemos nacido de nuevo, el Espíritu de Dios guía nuestra vida día tras día. Cuando desobedecemos, simplemente estamos ignorando:

- la guía del Espíritu,
- los impulsos del Espíritu,
- los frenos del Espíritu,
- la sabiduría del Espíritu,
- los recordatorios del Espíritu.
- las advertencias del Espíritu,
- y aun negamos el poder del Espíritu que mora en nosotros.

Ciertamente, no somos deudores de la carne, sino deudores del Espíritu. Hay una realidad, o vivimos conforme a la carne o vivimos conforme al Espíritu. Si estamos viviendo conforme a la carne, he aquí algunas señales de cosas que quizás hayamos podido notar en nuestras vidas que no representan pecados extremos, pero sí son evidencias de que no estamos viviendo por el Espíritu. Por ejemplo:

- Quizás nuestra fe se ha enfriado y no sabemos cómo avivarla otra vez.

- Quizás nos hemos ido alejando y no sabemos cómo regresar.

Es posible que podamos ver mejor la necesidad de avivar nuestra fe si consideramos las siguientes ideas y nos cuestionamos seriamente delante de Dios. Veamos:

- Las cosas de Dios ya no tienen el atractivo que antes tenían.
- La queja es más frecuente en nuestra vida que el gozo del Señor.
- La adoración corporativa ya no evoca en nosotros las mismas lágrimas o emociones que en el pasado.
- No sentimos pasión por ver convertido al incrédulo.
- La idea de evangelizar a quienes nunca han escuchado el evangelio no es algo que produzca gozo o motivación en nuestro corazón.
- Escuchar la Palabra de Dios nos parece un ejercicio necesario, pero no nos sentimos ministrados como otros sí lo están siendo.

Este último puede llegar a ser tanto así que prácticamente nos da lo mismo escuchar el sermón en nuestra iglesia local y participar junto al cuerpo de Cristo del servicio de adoración de principio a fin, que sentarnos frente a una computadora o pantalla de televisión para verlo mientras hablamos y nos reímos con otras personas o hacemos cualquier otra cosa. Quizás nuestro enfriamiento se manifiesta en que nos da lo mismo llegar 5 o 10 minutos antes de que el servicio comience que llegar 10, 20 o 30 minutos después de que haya comenzado. Otras veces, al final del servicio es más importante para nosotros ser los primeros en salir del estacionamiento que esperar a finalizar con nuestros hermanos en adoración y tener koinonía con ellos después del servicio. Todavía más... quizás nos cuesta orar o leer la Palabra y asistir a la iglesia nos resulta pesado.

Amado hermano, estas y muchas otras señales pudieran ser las evidencias de que su fe se ha enfriado o de que nunca ha tenido una fe vibrante y necesita avivar la fe que fue depositada en usted el día que nació de nuevo. O tal vez, necesita nacer de nuevo porque aún no está dentro del reino de los cielos. **Pero si usted es creyente, estas son señales de que la carne está ganando el conflicto en su vida.**

Cómo andar en el Espíritu

Como hemos visto, el texto de Gálatas 5:24-25 nos llama a andar en el Espíritu. Entonces, la pregunta lógica sería: ¿cómo logramos hacer eso? Porque, como dijimos, andar en el Espíritu no es algo místico, sino práctico. Por tanto, a continuación mencionamos algunos ejemplos prácticos de cómo se vive en el Espíritu en el día a día.

Primero, renuncie todos los días a la rebelión de su carne que se opone al trabajo del Espíritu en su vida.

Segundo, ore con el propósito principal de entrar en la voluntad de Dios y no con el mero objetivo de obtener beneficios. Ore de manera que pueda decir como Cristo: "Padre… no se haga mi voluntad, sino la Tuya".

Tercero, lea regularmente la Palabra que fue inspirada por el Espíritu. Y luego de leerla, comprométase a cumplir con lo leído de manera que no sea simplemente un oidor, sino también un hacedor. En otras palabras, no lea solo para aprender, sino primariamente para cambiar y ser transformado por el poder de la Palabra.

Cuarto, compare las decisiones que está a punto de tomar con las enseñanzas de la Palabra y rechace todo pensamiento altivo que se levante contra la revelación de Dios.

Quinto, no se limite a leer los pasajes que lo bendicen, sino también los pasajes que lo confrontan y dele gracias a Dios por la confrontación.

Sexto, comprométase a romper con toda falta de reconciliación que exista en su vida porque eso es un gran obstáculo para la obra del Espíritu.

Séptimo, comprométase a eliminar de su vida todo elemento de impureza que exista en su caminar. Andar en el Espíritu debe ser tan natural como respirar. Cuando respira, inhala aire puro y exhala aire impuro cargado de CO_2. De la misma manera, necesita inhalar la Palabra y orar conforme a la Palabra y luego exhalar o sacar fuera las obras de la carne.

Octavo, comprométase a cuidar de su alma como cuida de su cuerpo. A menudo el creyente se preocupa por cuidar su peso, su piel, su cabello, el desarrollo de su musculatura con ejercicios, su sueño, su dentadura, sus uñas, su dieta, etc., pero no cuida su alma con la misma rigurosidad.

Noveno, cuide lo que escucha y lo que dice.

Décimo, cuide lo que piensa en privado y lo que vive en público.

**¡Si hace estas cosas, estará viviendo
en el poder del Espíritu!**

UNA VIDA DE CONTINUA OBEDIENCIA

Quizás a algunos lectores les extrañe el hecho de que Pablo comience la carta a los Gálatas reprendiendo a los miembros de las iglesias de aquella región para terminar abordando hacia el final (capítulo 5) el tema del fruto del Espíritu que desarrollamos a todo lo largo de este libro. Sin embargo, cuando entendemos cabalmente la profundidad de la caída del hombre, terminamos comprendiendo la necesidad de la gracia para salvación, y de la obra del Espíritu en nosotros en la regeneración y su morada para la santificación.

La mayoría de las personas crecemos con la idea de que para ser salvos necesitamos hacer obras meritorias que puedan ser "cargadas" a nuestra cuenta como crédito personal, de manera que si logramos acumular suficiente efectivo moral, entonces Dios nos dará entrada al reino de los cielos. Esa idea corrompe y niega el evangelio que es el mensaje de salvación, ofrecido por Dios por pura gracia (Ef 2:8-9). Definitivamente el ser humano necesita obras para entrar al reino de los cielos, pero no nuestras obras, sino la obra perfecta de Cristo desde el momento de Su nacimiento hasta el momento de Su muerte. Solo Él pudo cumplir con la ley que Adán y Eva violaron, al igual que el resto de sus descendientes. Cuando entregamos la vida a Cristo, son Sus méritos los que son "cargados a nuestra cuenta". Dios me mira como si yo hubiese vivido la vida de Cristo y trató a Cristo en la cruz como si Él hubiese vivido mi vida. Si no entendemos esa realidad, siempre trataremos de ganarnos la salvación por nuestros propios méritos y esfuerzos. En esas condiciones, los mandamientos de Dios se vuelven gravosos e imposibles de cumplir.

Dado todo lo anterior, el apóstol Pablo escribe a las iglesias de Galacia para darles a entender de qué manera han corrompido el evangelio; algo que era difícil de entender para Pablo que hubiese ocurrido en tan poco tiempo. Y trata de ayudarles a ver lo irracional que era su comportamiento, a la luz de lo enseñado por él hacía un corto tiempo atrás.

En el capítulo cinco de la carta a los gálatas, Pablo procede a describir la lucha continua que se da en el creyente debido a los deseos de la carne que persisten, aún después de alcanzar la salvación, contra los deseos del Espíritu que vino a morar en nosotros. De hecho, la expresión más sucinta acerca de las consecuencias de este conflicto, aparece en Gálatas 5:17: "Porque el deseo de la carne es contra el Espíritu, y el del Espíritu es contra la carne, pues estos se oponen el uno al otro, *de manera que ustedes no pueden hacer lo que deseen*" (énfasis añadido). Esa es la lucha que Pablo describe en Romanos 7 y que él mismo experimentó, por lo cual terminó escribiendo que no entendía lo que hacía porque muchas veces queriendo hacer algo, terminaba no haciéndolo; y no queriendo hacer alguna otra cosa, terminaba haciendo precisamente lo que no quería. Este conflicto es real y es esa lucha la que nos lleva a pensar que Sus mandamientos son gravosos cuando la Palabra afirma todo lo contrario (1 Jn 5:3). De hecho, Cristo nos invitó a venir a Él con una expectativa diferente:

> "Vengan a Mí, todos los que están cansados y cargados, y Yo los haré descansar. Tomen Mi yugo sobre ustedes y aprendan de Mí, que Yo soy manso y humilde de corazón, y hallarán descanso para sus almas. Porque Mi yugo es fácil y Mi carga ligera".
> (Mt 11:28-30)

Estas palabras contienen:

- Una primera invitación: "Vengan a Mí..."
- A un grupo de personas: los "cansados y cargados..."
- Una primera promesa: "los haré descansar".
- Una segunda invitación: "Tomen Mi yugo sobre ustedes..."
- Una lección de aprendizaje: "aprendan de Mí, que Yo soy manso y humilde de corazón..."

- Una segunda promesa: "hallarán descanso para sus almas".
- Una explicación de la invitación: "Porque Mi yugo es fácil y Mi carga ligera".

¿Cómo explicar la contradicción entre la manera como nosotros sentimos Sus mandamientos (gravosos) y la forma como Cristo estaba explicando la vida cristiana (fácil, ligero)? La explicación es relativamente sencilla. La vida que Cristo ofreció fue diseñada para ser vivida en el poder del Espíritu, bajo la sumisión a Su señorío y guiados por medio de Su Palabra. Pero muchos, quizás la mayoría, entran en la vida cristiana y continúan caminando hacia delante haciendo grandes esfuerzos de voluntad, confiados en su determinación, en vez de rendir toda su vida al control del Espíritu. Esta es una rendición paradójica porque, por un lado, no es tan simple como parece, y por otro lado, no es tan compleja como muchos opinan. Esta confusión se debe a una falta de entendimiento de las enseñanzas de Jesús o a una resistencia debido a la rebelión humana.

Reflexionemos cómo Jesús enseñó que podemos ser Sus discípulos: "... Si alguien quiere seguirme, niéguese a sí mismo, tome su cruz cada día y sígame" (Lc 9:23). Negarme a mí mismo no es anularme, porque la santificación se da con nuestra participación como enseñó Pablo a Timoteo: "... Más bien disciplínate a ti mismo para la piedad". La santificación es promovida y empoderada por el poder del Espíritu (Fil 2:13). La negación es algo que involucra dejar a un lado mi voluntad para vivir la voluntad de Dios, lo cual solo es posible cuando experimento la llenura del Espíritu, la cual ocurre cuando el creyente se rinde **cada día** a los propósitos de Dios. Cuando Jesús habló de tomar nuestra cruz cada día, no se estaba refiriendo a las grandes tribulaciones por las cuales atravesamos, aunque las incluye. Más bien estaba haciendo referencia a la decisión de vivir la vida que Dios nos dio al nacer y para la cual fuimos diseñados. La mayoría encuentra esta decisión sumamente difícil porque vivimos continuamente con la esperanza de que, en algún momento, podremos hacer lo que queremos y no necesariamente lo que Dios haya predeterminado para cada uno.

Pensemos por un momento. En cualquier cruce de la vida en el que se encuentre, ¿cree que la decisión que usted pueda tomar tiene la posibilidad de superar la sabiduría y la bondad de Dios? Si la respuesta fuera afirmativa, entonces, el ser humano debiera ser Dios y Él nuestro siervo. Si la respuesta es negativa, y lo es, ¿entonces por qué continuamos luchando para hacer nuestra voluntad, en vez de rendirnos a la Suya? La explicación radica en la rebelión y autosuficiencia del ser humano a pesar de ser sumamente limitado en sus capacidades. El resultado es una diferencia enorme entre dos voluntades:

- **La voluntad humana** es microscópica: "yo, en el aquí y en el ahora".
- **La voluntad divina** es telescópica: Dios y Su plan eterno.

- La **voluntad humana** hace sus demandas en términos de deseos, temores o pasiones humanas, según el caso.
- La **voluntad divina** hace sus demandas en términos lógicos, de propósitos y significado.
- La **voluntad humana** apela a las emociones.
- La **voluntad divina** apela a la mente y a su conocimiento.

He cubierto todo lo anterior, porque la única manera de poder triunfar en la vida cristiana y vivir una vida de obediencia es si el Espíritu de Dios cultiva en nosotros el fruto del Espíritu del cual hablamos durante todos los capítulos anteriores. Ahora necesitamos entender que cuando hablamos de renunciar a nuestra voluntad no estamos hablando simplemente de hacer algo en un momento particular de nuestra vida. ¡No!

La renuncia no es una acción, es una forma de vivir.

La renuncia no es una decisión, es una serie de decisiones hechas a diario.

Para asumir ese curso de vida Dios nos dio Su Palabra para enseñarnos, Su Hijo para salvarnos y Su Espíritu para regenerarnos y empoderarnos para vivir la nueva vida en Cristo. La intención al escribir este libro es ayudarle a entender todo lo anterior para que viva:

¡Una vida de continua obediencia!

¿HAS LEÍDO ALGO BRILLANTE Y QUIERES CONTÁRSELO AL MUNDO?

Ayuda a otros lectores a encontrar este libro:

- Publica una reseña en nuestra página de Facebook @VidaEditorial

- Publica una foto en tu cuenta de redes sociales y comparte por qué te agradó.

- Manda un mensaje a un amigo a quien también le gustaría, o mejor, regálale una copia.

¡Déjanos una reseña si te gustó el libro! ¡Es una buena manera de ayudar a los autores y de mostrar tu aprecio!

Visítanos en **EditorialVida.com** y síguenos en nuestras redes sociales.